WENN EIN KRIEGSGEDANKE KOMMT, SO WIDERSTEHT IHM MIT EINEM STÄRKEREN GEDANKEN DES FRIEDENS

HORIZONTE VERLAG WIEN

Wenn ein Kriegsgedanke kommt,
so widersteht ihm mit einem stärkeren
GEDANKEN DES FRIEDENS
Die Reden und Schriften von 'Abdu'l-Bahá
für eine neue Kultur des Friedens
Zusammengestellt und herausgegeben von Peter Spiegel.
Mit einer Einleitung von Kent D. Beveridge
Aufnahmen von Mochtar Afscharian.

1. Auflage 1985
Horizonte Verlag in Poseidon Press GmbH
Abdruck der Texte von 'Abdu'l-Bahá mit freundlicher
Genehmigung des Bahá'í-Verlages, Hofheim/Ts.
© 1985 Bahá'í-Verlag GmbH, Hofheim/Ts. (Texte von
'Abdu'l-Bahá)
© 1985 Kent D. Beveridge, Perchtoldsdorf bei Wien (Einleitung)
© 1985 Horizonte Verlag in Poseidon Press GmbH, Wien
Alle Rechte vorbehalten
Sämtliche Vertriebsrechte bei Poseidon Press Verlagsgesellschaft
mbH, Wien
Umschlaggestaltung: Peter Spiegel, Rosenheim
Satz: Satzdienst Würzburg im Verlag Klaus Skupch
Druck: C.H. Beck'sche Buchdruckerei, Nördlingen
Printed in Germany
ISBN 3-7049-2003-7

Dem
»Jahr des Friedens«
gewidmet,

bis dieses
durch unser Bemühen
verwirklicht sein
möge

Wenn ein Kriegsgedanke kommt,
so widersteht ihm mit
einem stärkeren

Gedanken
des Friedens

Die Reden und Schriften
von 'Abdu'l-Bahá
für eine neue
Kultur des Friedens

Inhalt

Vorwort

»Jeder klar Denkende bezeugt, daß es heute nichts Wichtigeres auf der Welt gibt, als den Weltfrieden.« Fast jeder wird heute diesen von 'Abdu'l-Bahá im Jahre 1912 gesprochenen Worten zustimmen. Als klar würden wir unser Denken allerdings wohl nur in Bezug auf die *Notwendigkeit* des Friedens, der Abrüstung, der Verständigung bezeichnen wollen. Daß dies eintreten muß, wenn nicht irgendwann das Funken und Flackern von einem der zahllosen Krisen- und Kriegsherde, inneren und äußeren Spannungen, Ost-West- und Nord-Süd-Gegensätze auf die ganz großen Pulverfässer überspringen soll, davon braucht heute kaum mehr jemand überzeugt zu werden.

Aber *wie* die Interessen der Starken und Schwachen vereinbaren, *wie* die Ängste der Großen vor möglicher Unterlegenheit und die Schrecken der Kleinen aufgrund ihrer entmutigenden Abhängigkeiten überwinden, *wie* die Beinahe-Automatik der immer neuen Rüstungsrunden stoppen? *Wer* kann hier verbindliche Ideen setzen, *wer was* tun? Das Problem an die Politiker verweisen? Oder selbst etwas tun, wo doch das Ziel und selbst der Weg dorthin so undeutlich vor uns liegen und einer Kraft bedürfen, die übermenschlich scheint?

Schöne Worte sind es sicher nicht, derer wir bedürfen. Es ist geradezu zu einer perfekten Disziplin vieler Verantwortungsträger geworden, »hinter einem Staudamm eitler Worte« zynisch, doch nicht minder souverän »die eigenen Interessen zu verbergen« ('Abdu'l-Bahá).

Was wir brauchen, ist eine überzeugende, kraftvolle Vision — wie es einst die Bergpredigt für viele Menschen war

9

und für einige noch heute ist und wie es die Ideale der Aufklärung einmal für die Erneuerung der Gesellschaft waren. Eine ähnlich visionäre Kraft, antwortend auf die Erschütterungen und Empfänglichkeiten der heutigen Menschheit, scheint nirgend auszumachen. Oder haben wir den Blick nicht weit genug geöffnet?

Schlagzeilen verkündeten in den Jahren 1911 bis 1913 in Europa und Amerika »den großen Vorkämpfer des Friedens in diesem Jahrhundert«, den »Lehrer«, »Apostel«, »Botschafter des Weltfriedens«. Schlagzeilen dieser Art begleiteten 'Abdu'l-Bahá während seiner dreijährigen Reise durch den Westen.

Die Ansprachen, die Er vor den denkbar unterschiedlichsten Menschen aus allen Schichten und Gedankenrichtungen hielt, wirkten auf die Zuhörer wie eine neue Bergpredigt, sprachen zu den tiefsten Schichten der Seele. Lee McClung, der Finanzminister der Vereinigten Staaten zu jener Zeit, beschrieb seine Gefühle über diese ungewöhnliche Begegnung mit einem ganz außerordentlichen Vergleich: »Mir schien, ich wäre in der Gegenwart eines der großen alten Propheten — Jesajas, Elias, Moses, nein, Er erschien mir wie ein göttlicher Vater.«[*]

'Abdu'l-Bahá sah jedoch nicht nur die Nöte, Sehnsüchte und Möglichkeiten des einzelnen Menschen. Der Gemeinschaft aller Menschen, der herrlichen Vielfalt ihres Seins, die als Grundlage der solidarischen Einheit der gesamten Menschheit in den existentiellen Grundfragen der Gerechtigkeit und des Friedens bedarf, dieser gemeinschaftlichen

---

[*] Zitiert aus »Die Krone des Karmel«, Wien 1983, S. 80. 'Abdu'l-Bahá wies die von Zeitungen oft im Zusammenhang mit Seiner Person verwendete Bezeichnung »Prophet« immer klar von sich, woraufhin eine Zeitung einmal die »berichtigende« Meldung veröffentlichte: »Prophet sagt, er sei kein Prophet«.

Verantwortung galt 'Abdu'l-Bahás vielleicht noch viel wichtigere Botschaft. Weit über das hinausgehend, was heute in Bezug auf die Einheit der Menschheit als »realisierbar« gilt, setzt 'Abdu'l-Bahá Maßstäbe, mit denen jeder Friedenswillige, nach all den Erfahrungen dieses Jahrhunderts, sein Denken und Handeln kritisch überprüfen sollte.

Der Frieden bleibt eine Farce, solange Gerechtigkeit nicht ernsthaft im *Welt*maßstab angestrebt wird, und Gerechtigkeit bleibt eine Farce, solange die grundlegende Einheit der Menschheit nicht Ausgangspunkt und Maßstab jeder politischen Überlegung wird. »Wenn ein Kriegsgedanke kommt, so widersteht ihm mit einem stärkeren Gedanken des Friedens.« Mögen wir unsere Kraft auf diese Weise dem Frieden widmen, bis das Ziel ereicht ist.

Peter Spiegel

*Ich heiße euch alle und jeden von euch, all euer
Denken und Fühlen auf Liebe und Einigkeit zu richten. Wenn ein Kriegsgedanke kommt, so widersteht
ihm mit einem stärkeren Gedanken des Friedens.
Ein Haßgedanke muß durch einen mächtigeren Gedanken der Liebe vernichtet werden.*

Einleitung

'Abdu'l-Bahá bringt Botschaft des Friedens
(*San Francisco Examiner*, 7. Oktober 1912)

Ein Apostel des Friedens
(*New York Evening Star*, 11. April 1912)

Lehrer des Friedens angekommen
(*New York World*, 12. April 1912)

Der große Vorkämpfer des Friedens in diesem Jahrhundert
(*Montreal Daily Star*, 11. September 1912)

Solche und ähnliche Schlagzeilen begleiteten 'Abdu'l-
Bahá während Seiner gesamten, drei Jahre dauernden Reise
in den Westen. Er ließ während dieser Zeit keine Gelegen-
heit ungenützt, Seinen Zuhörern in Europa, in den Vereinigten Staaten von Amerika und in Kanada die Notwendigkeit des Friedens zu verkünden. 'Abdu'l-Bahá sprach in
Kirchen und Synagogen, zu Friedensvereinigungen, in
Universitäten und vor den unterschiedlichsten Gruppen:
Anthroposophen und Theosophen, Atheisten und Anhän-
gern verschiedener Religionen, Wissenschaftlern, Künst-
lern und hohen Staatsbeamten, aber auch zu den Ausgesto-
ßenen der Gesellschaft. Stets hatte Er die gleiche Botschaft:

>*Heute gibt es keinen größeren Ruhm für den
Menschen als jenen des Dienstes an der Sache des
»Größten Friedens«. Der Friede ist Licht, während*

der Krieg Dunkelheit ist. Der Friede ist Leben, der Krieg Tod ... Der Friede ist die Erleuchtung der Welt der Menschheit, der Krieg ist der Vernichter menschlicher Einrichtungen.« [1]

Aber 'Abdu'l-Bahá predigte nicht nur den Frieden als Ideal, sondern Er gab durch sein eigenes Leben ein Beispiel von Frieden, Liebe und Einheit.

'Abdu'l-Bahá wurde am Abend des 23. Mai 1844 als ältester Sohn Bahá'u'lláhs, des Begründers der Bahá'í-Religion, in Ṭihrán geboren. Zur selben Stunde erhob in der südpersischen Stadt S͟híráz ein junger Kaufmann — später als der »Báb« bekannt — den Anspruch, jene neue religiöse Offenbarung einzuleiten, die den Weg für das unmittelbar bevorstehende Erscheinen des Verheißenen aller Zeitalter und Religionen bereiten sollte.

Die Lehren des Báb verbreiteten sich wie ein Lauffeuer in ganz Persien und fanden in allen Bevölkerungsschichten begeisterte Aufnahme. Sie sprengten gleichsam die im Laufe der Jahrhunderte gewachsenen Überkrustungen von den ursprünglichen Lehren des Islám. Seine sozialen Lehren, wie beispielsweise die Gleichberechtigung von Mann und Frau ließen das Aufdämmern eines neuen Zeitalters erwarten und trafen seine Zeitgenossen völlig unvorbereitet. Dies alles mußte zwangsläufig den Widerstand der etablierten weltlichen und geistlichen Mächte hervorrufen. Nach nur sechsjährigem Wirken wurde der Báb 1850 in Tabriz öffentlich hingerichtet. 20000 seiner Anhänger erlitten in immer wiederkehrenden Verfolgungen ebenso den Märtyrertod.

Bahá'u'lláh war einer der ersten Anhänger des Báb und wurde nach dessen Märtyrertod sehr bald die herausragende Gestalt der Bábí-Gemeinde. Im Verlauf von im Jahre 1852 wieder aufflammenden Verfolgungen wurde Er auf Befehl von Nāṣri'd-Din S̱ẖāh im Siyáh-C̱ẖál dem »Schwarzen Loch«, einer ehemaligen Wasserzisterne, in Ṭihrán gefangengesetzt.

'Abdu'l-Bahá war acht Jahre alt, als Er Anfang 1853 Seinen Vater in die Verbannung nach Bag̱ẖdád begleitete. 55 Jahre sollte es dauern, bis sich die Tore der Gefängnisse für 'Abdu'l-Bahá wieder öffneten.

Am Vorabend der Weiterverbannung nach Konstantinopel verkündete Bahá'u'lláh 1863 in Bag̱ẖdád öffentlich den Anspruch, der vom Báb angekündigte Verheißene zu sein. Er sei gekommen, die Einheit der Menschheit zu verwirklichen, den Weltfrieden zu begründen und das langersehnte »Reich Gottes auf Erden« zu errichten.

In Seinen Lehren erläuterte Bahá'u'lláh die Einheit Gottes und der Religionen. Er verkündete, daß Offenbarung fortschreitend und in ihren sozialen und gesellschaftlichen Lehren zwar den jeweiligen Bedürfnissen der Menschen und der Zeit angepaßt, die grundlegenden geistigen Wahrheiten aber unveränderlich und in allen Religionen dieselben seien. In umfassender Weise erklärte Bahá'u'lláh geistige Fragen früherer Offenbarungen, die bislang in Dunkel gehüllt waren, aber auch Prinzipien und Maßstäbe, die die heutige Menschheit zur Überwindung der weltweiten Probleme benötigt.

Über Adrianopel führte der Verbannungsweg Bahá'u'lláhs schließlich 1868 nach 'Akká, der damaligen Strafkolonie des türkischen Reiches, wo Bahá'u'lláh 1892 starb. Während dieser ganzen Zeit zeigten sich in 'Abdu'l-Bahá in triumphierender, von Leid gestählter Durchgeistigung mehr und mehr jene Eigenschaften und Kräfte, auf welche Bahá'u'lláh die Zukunft Seiner weltweiten Glaubensgemeinschaft gründete, als Er Seinen ältesten Sohn in Seinem Testament als leuchtendes Vorbild religiösen Lebens, als Ausleger Seiner Worte und als Nachfolger in der Führung

Seiner Anhängerschaft einsetzte, die sich ab nun Bahá'í-Gemeinde nannte. Nach dem Tod Seines Vaters und der Übernahme der Leitung der Bahá'í-Gemeinde wurde 'Abdu'l-Bahá auf Seinen eigenen Wunsch hin nur mehr mit diesem von Ihm erwählten Titel, der soviel wie »Diener Bahás« bedeutet, genannt.

Zwischen 1892 und 1908 erduldete 'Abdu'l-Bahá wegen Seines Glaubens nochmals besonders schwere Unterdrückung, bis Ihm die Jungtürkische Revolution die Freiheit brachte. 'Abdu'l-Bahá nutzte sie sehr bald zu einer ausgedehnten Reise in den Westen. Er besuchte die jungen Bahá'í-Gemeinden in Europa und Nordamerika und verkündete durch Sein Beispiel und in beredten Worten die Grundsätze einer neuen Friedenskultur.

1913 kehrte 'Abdu'l-Bahá wieder ins Heilige Land zurück, wo Er einen Strom von Besuchern aus aller Welt empfing. Mit zahlreichen Ehren versehen, verschied Er 1921. Die unübersehbare Trauergemeinde, die zu den Begräbnisfeierlichkeiten zusammenströmte, war der größte Ausdruck von Ehrerbietung, aber auch von Liebe und Eintracht unter den verschiedenen religiösen Gruppen und Gesellschaftsschichten, den das Heilige Land bis dahin gesehen hatte. Es war dies das erste Beispiel dafür, daß das Leben 'Abdu'l-Bahás über Seinen Tod hinaus wirken sollte.

Die Grundprinzipien eines harmonischen menschlichen Zusammenlebens, die Bahá'u'lláh lehrte, wurden von 'Abdu'l-Bahá mit bestechender Einfachheit und Klarheit für den Westen erklärt — und vorgelebt. Die vorliegende Zusammenstellung aus 'Abdu'l-Bahás Schriften und Reden zum Thema Frieden läßt erahnen, welche weiten Bereiche des Lebens Er ansprach. Es war nicht 'Abdu'l-Bahás Absicht, die angeschnittenen Themen erschöpfend zu behandeln, sondern Seinen Zuhörern mit kurzen Worten die Ganzheit dieser verschiedenen Lebensbereiche bewußt zu machen und deren Einheit dar- und wiederherzustellen.

Der erste Teil der Zusammenstellung beinhaltet 'Abdu'l-Bahás Analyse der Lage der Welt sowie der Ursachen des Krieges. Anstatt die Gabe des menschlichen Intellekts zur Förderung des Allgemeinwohls einzusetzen, wird »das dauerhafte Glück der Gesellschaft ... dem eigenen, vergänglichen Profit geopfert.« Schon 1875 stellte Er fest, daß die wachsenden Rüstungen der Menschheit unerträglich werden. 1911 verglich Er Europa mit einem Arsenal voller Sprengstoff, dessen Explosion die gesamte Welt erfassen werde. Kurz nach dem Ersten Weltkrieg sagte Er einen zweiten, »grimmiger als der letzte« voraus. Der Grund dafür sei, daß man sich noch immer nicht mit den Ursachen des Krieges befaßt habe. Bei der Pariser Friedenskonferenz 1919 hätte die Mehrheit der Anwesenden der Sache des Friedens nur Lippenbekenntnisse gezollt, während sie in Wirklichkeit die engeren Eigeninteressen ihrer jeweiligen Nation, Klasse oder Gruppe jenem der gesamten Menschheit vorzogen.

Die Hauptursachen des Krieges sind nach 'Abdu'l-Bahá »rassische, nationale, religiöse und politische Vorurteile; und die Wurzel aller dieser Vorurteile liegt in abgenützten, tiefeingesessenen Überlieferungen.« Moderne Kriege werden immer mehr zu »totalen« Kriegen. Um dem entgegenzuwirken, benötigen wir den entsprechenden »totalen« Frieden, den wir nur erreichen können, wenn wir die Ursachen des Krieges von dessen Wurzeln her bekämpfen.

> *»Solange Vorurteile — seien sie religiöser, rassischer, vaterländischer, politischer oder konfessioneller Natur — weiterhin unter den Menschen bestehen, kann der universale Friede in der Welt nicht Wirklichkeit werden.«* [2]

Der erste Schritt in Richtung Weltfrieden ist für ʻAbduʼl-Bahá die Untersuchung der grundlegenden Wahrheiten der Religionen: Der aufrichtige Forscher wird keinen Unterschied feststellen, denn die »Grundlage aller göttlichen Religionen ist die Wahrheit … Die Wahrheit ist eine und unteilbar.« Die Unterschiede zwischen den Religionen sind nachträglich, durch »dogmatische Nachahmungen« entstanden. Sobald man diese Nachahmungen hinterfragt, stellt man fest, daß die Religionen in ihrem Wesen alle aus derselben göttlichen Quelle entspringen.

Würde man die nationalen oder rassischen Vorurteile unter die Lupe nehmen, wäre das Ergebnis ein entsprechendes:

> *Die ganze Welt muß als ein einziges Land betrachtet werden, alle Völker als ein Volk und alle Menschen als Angehörige einer Rasse. Religionen, Rassen und Nationen sind alles nur Trennungen, die der Mensch gemacht hat…« [3]*

Diese Grundlagen sind, wie ʻAbduʼl-Bahá in einem Schreiben an die Zentralorganisation für einen dauerhaften Frieden in Den Haag feststellt, zur Erlangung des Frieden unabdingbar:

> *Heute ist der Weltfriede wichtig, aber die Einheit des Bewußtseins ist wesentlich, damit so die Grundlage dieser Angelegenheit fest, ihre Errichtung gesichert und ihr Gebäude stark sein möge.« [4]*

> *Wenn die Einheit der Menschenwelt fest begründet würde, wären alle Streitigkeiten, die die Menschheit entzweien, ausgerottet. Kampf und Krieg würden aufhören, und die Menschheit würde Ruhe finden … Die Weltbevölkerung würde in*

Eintracht zusammenleben; ihre Wohlfahrt wäre gesichert.« [5]

Als die mächtigste Triebfeder für den Weg zu dieser Einheit nennt 'Abdu'l-Bahá eine erneuernde Ethik und zukunftsweisende Kultur- und Sozialentwicklung:

> *»Nichts in der Welt ist durchführbar, ja nicht einmal denkbar, ohne Einheit und Einklang, und das vollkommene Mittel, Freundschaft und Einheit zu bewirken, ist wahre Religion.«* [6]

> *»Unter Religion jedoch ist das zu verstehen, was durch selbständiges Forschen zur Erkenntnis führt, nicht aber das, was lediglich auf Nachahmung beruht.«* [7]

'Abdu'l-Bahá vergleicht das Zustandekommen dieser Einheit mit der Legierung von Metallen:

> *»Die einzige Methode, aus diesen verschiedenen Metallen eine Legierung zu machen, ist es, sie in einen Schmelztiegel zu geben, und sie unter Verwendung starker Hitze zum Schmelzen zu bringen. Für unseren Schmelztiegel verwenden wir das Feuer der Liebe Gottes.«* [8]

Ein dauerhafter Friede kann jedoch ohne entsprechende Berücksichtigung innerer und äußerer Umstände und Bedingungen in der Welt nicht verwirklicht werden. Mannigfaltige Prinzipien, »welche die breiteste Grundlage für das Glück der Menschheit bilden und Gnadenbeweise des Barmherzigen sind, müssen der Sache des Weltfriedens hinzugefügt und mit ihr verbunden werden, damit ihr Erfolg beschieden sein möge. Sonst ist die Verwirklichung des Weltfriedens in der Menschenwelt schwierig.« [9] Diese mannigfaltigen Prinzipien und Lehren der Bahá'í-Religion, auf die sich 'Abdu'l-Bahá im vorstehenden Zitat bezieht, sind in den Teilen vier und fünf dieser Zusammenstellung kurz dargestellt. Sie umfassen unter anderem:

★ den Abbau wirtschaftlicher Schranken, damit der freie Warenaustausch die allgemeine Wohlfahrt fördere;

★ die Einführung einer universalen Hilfssprache, die jeder neben der Muttersprache lernt, um die Verständigung aller Menschen zu ermöglichen;

★ die Gleichwertigkeit von Mann und Frau, damit in kommenden Zeitaltern das männliche und weibliche Element in der Kultur ausgewogen sein möge;

★ die Förderung von Erziehung und Bildung, damit alle Teile der Gesellschaft ihren Beitrag zu deren Besserung leisten können;

★ die Übereinstimmung von Religion und Wissenschaft, denn Wissenschaft ohne Religion führte zu Materialismus, und Religion ohne Wissenschaft zu Aberglauben; sowie

★ die Schaffung eines Weltschiedsgerichtshofes, dem alle Streitigkeiten internationalen Charakters zu unterbreiten und dessen Sprüche für alle Parteien bindend wären.

Nach den Worten 'Abdu'l-Bahás wird ein dauerhafter und universaler Friede auf diesem Planeten in zwei Schritten eingeleitet werden. Die erste Stufe, der »Geringere Friede«, stellt die politische Einigung der Menschheit dar. In diese Phase fällt das allgemeine Abrüsten — »alle Regierungen der Welt müssen durch ein allgemeines Übereinkommen gleichzeitig abrüsten« — sowie die Schaffung von übernationalen Organen, wie einen Weltschiedsgerichtshof bzw. einer internationalen Exekutive, die dessen Entscheidungen vollstreckt.

> »*Wenn solche erfreulichen Zustände einträten,
> müßte keine Regierung mehr ständig Waffen spei-
> chern oder sich gezwungen sehen, immer neues
> Kriegsgerät herzustellen ... Jede Nation auf Erden
> würde dann in Ehren regiert, und jedes Volk fühlte
> sich geborgen in Ruhe und Zufriedenheit.*« [10]

Der Geringere Friede wird erreicht sein, sobald der Krieg
als Methode der Konfliktbewältigung zwischen Nationen
überwunden ist. Dieser erste Schritt bedeutet die Abwen-
dung der drohenden Selbstvernichtung der Menschheit.
'Abdu'l-Bahá verschweigt auch nicht die Gefahren eines
solchen Friedensprozesses:

> »*Überdies ist jede gesellschaftliche Struktur, und
> wäre sie auch das Werkzeug für der Menschheit
> höchstes Wohl, des Mißbrauchs fähig; ihr richtiger
> oder falscher Gebrauch hängt von den wechseln-
> den Graden der Aufklärung, Fähigkeit, Treue,
> Redlichkeit, Hingabe und Vorstellungskraft bei
> den Führern der öffentlichen Meinung ab.*« [11]

Diese Einsicht führt unmittelbar zu dem zweiten Schritt
des Friedens, dem Frieden von innen. Dieser Schritt setzt
eine Wandlung im Einzelnen voraus:

> »*Wenn die Liebe erreicht und die vollkommenen
> geistigen Bande die Herzen der Menschen verbin-
> den, wird das gesamte Menschengeschlecht empor-
> gehoben, die Welt immer geistiger und strahlen-
> der, und das Glück und die Ruhe der Menschheit
> über alle Maßen erhöht werden.*« [12]

Hier finden wir die schönsten Worte 'Abdu'l-Bahás,
gleichsam eine Verschmelzung der herrlichsten Überlieferungen aus allen Religionen und Kulturen und doch eine
Neuschöpfung für die Nöte der Gegenwart.

> *»Erhebt euch also in solcher Weise und mit solchen Tugenden, daß dem Körper dieser Welt eine lebendige Seele geschenkt wird, und bringt dieses zarte Kind, die Menschheit, zur Stufe der Reife.«*
> *[13]*

Die Erreichung dieser Stufe ist gleichbedeutend mit der Errichtung des »Reiches Gottes auf Erden«.

Für 'Abdu'l-Bahá gibt es »Abschnitte und Stufen im Gesellschaftsleben der Menschheit. Einmal durchwanderte sie ihre Kindheit, späterhin ihre Jugendzeit, aber jetzt ist sie in ihre lange verheißene Reifezeit eingetreten, deren Beweise überall offenkundig sind.« *[14]* Vor allem sehen wir Beweise des Fortschrittes der materiellen Zivilisation: Nachrichtensatelliten, elektronische Datenverarbeitung, aber auch Atombomben, die ganze Städte und Landstücke mit einem Schlag vernichten können.

> *»Wäre die materielle Zivilisation mit der göttlichen verbunden, dann wären diese fürchterlichen Waffen niemals erfunden worden. Im Gegenteil, die menschliche Tatkraft hätte sich ganz und gar nützlichen Erfindungen zugewandt, und sie hätte sich auf lobenswerte Entdeckungen konzentriert.« [15]*

'Abdu'l-Bahá vergleicht die materielle Zivilisation mit der Lampe, wohingegen Er die göttliche Kultur als das Licht bezeichnet, welches die Lampe erleuchtet. Wem nützt eine Lampe ohne Licht? Die menschliche Zivilisation ist ein Organismus, der von Geist durchdrungen und geführt sein muß, um seine eigentliche Bestimmung zu erfüllen.

'Abdu'l-Bahá hat sich jedoch nicht nur mit solchen grundlegenden Darstellungen begnügt und Er hat nicht nur praktische Hinweise gegeben, wie dieser Lebenswandel herbeizuführen sei, wie es die Auszüge aus solchen Anleitungen in dieser Testzusammenstellung belegen. ʿAbduʾl-Bahá hat darüber hinaus mit Seinem eigenen Leben unablässig Zeugnis dafür abgelegt, daß diese praktischen Hinweise auch umsetzbar sind: Er hat den Frieden vorgelebt, in sich und um sich und damit dem Auftrag Seines Vaters Baháʾuʾlláh entsprochen, vollkommenes Vorbild für uns zu sein. So gibt uns das Leben ʿAbduʾl-Bahás Zuversicht und Gewißheit in unserem Streben, das Geschick der Menschheit durch unsere eigene Wandlung und unser Beispiel letztlich zum Guten und in eine strahlende Zukunft zu verwandeln. In Seinem Leben erkennen wir die Umrisse des Lebens, welches die Menschheit zu führen imstande ist.

> *Alle Erscheinungen des Daseins erreichen nach einem ihnen innewohnenden Gesetz einen Gipfelpunkt und einen Grad der Vollendung. Danach entsteht eine neue Ordnung, ein neuer Zustand. Da Rüstungstechnologie und Kriegswissenschaft einen so hohen Entwicklungsgrad erreicht haben, steht zu hoffen, daß jetzt eine Umwandlung der menschlichen Welt eintritt und daß in kommenden Jahrhunderten alle Energien und Erfindungen des Menschen dazu benutzt werden, die Interessen des Friedens und der Brüderlichkeit zu fördern.*
> [16]

Die Verwirklichung der von ʿAbduʾl-Bahá beschriebenen Vision der menschlichen Gesellschaft ohne Krieg, wo »Wolf und Lamm vom gleichen Wasser trinken, und Löwe und Kalb auf einer Wiese weiden« d.h., die Vereinigung verschiedener Glaubensrichtungen und das Zusammenleben aller Rassen und Nationen in Eintracht, Gerechtigkeit und Wohlergehen, wird so manchem als unmöglich erscheinen.

Jedoch, »die Erreichung jedes Zieles ist bedingt durch Kenntnis, Wille und Tat«.

> *»Einzelne, welche die im menschlichen Streben ruhende Kraft nicht kennen, halten diese Gedanken für völlig undurchführbar, ja für jenseits dessen, was selbst die äußersten Anstrengungen des Menschen je erreichen können; doch ist dies nicht der Fall. Im Gegenteil kann dank der unerschöpflichen Gnade Gottes, der Herzensgüte Seiner Begünstigten, der beispiellosen Bemühungen weiser und fähiger Seelen und der Gedanken der unvergleichlichen Führer dieses Zeitalters nichts, was es auch sei, als unerreichbar angesehen werden. Eifer, unermüdlicher Eifer ist nötig.«* [17]

Kent D. Beveridge

Der Krieg zerstört die Grundlagen des Menschlichen.
Der Frieden aber begründet die Wohlfahrt der
Menschheit. [18]

1. Der Wahnsinn des Krieges
und seine Ursachen

O ihr geliebten Freunde! In der Welt herrscht Krieg, und
das Menschengeschlecht liegt in Wehen und tödlichem
Kampf. Die finstere Nacht des Hasses hat die Überhand gewonnen, und das Licht der Vertrauenswürdigkeit ist erlo-
schen. Die Völker und Geschlechter der Erde haben ihre
Klauen geschärft und stürzen sich im Kampf aufeinander.
Es ist gerade die Grundlage der Menschheit, die zerstört
wird. Tausende von Familien sind ihrer Habe beraubt und
irren umher, und jedes Jahr sieht Tausende und Abertau-
sende von Menschen sich auf staubigen Schlachtfeldern in
ihrem Blute wälzen. Die Zelte des Lebens und der Freude
sind abgebrochen. Generäle üben sich in ihrer Feldherrn-
kunst, rühmen sich des Blutes, das sie vergießen, und wett-
eifern miteinander im Anstacheln zu Gewalttaten. *[19]*

Wir sehen heute auf Erden das traurige Schauspiel eines
grausamen Krieges. Der Mensch erschlägt seinen Bruder
Mensch, um selbstischen Gewinn zu erzielen und sein Gebiet zu erweitern. Um dieses unwürdigen Ehrgeizes willen
ist sein Herz dem Haß verfallen und wird noch immer weiteres Blut vergossen. Neue Schlachten werden geschlagen,
die Armeen vergrößert, mehr Geschütze, mehr Gewehre
und mehr Sprengstoffe aller Art hinausgeschickt. So wachsen Bitternis und Haß mit jedem Tage. *[20]*

Wenn diese Menschen einander lieben und helfen würden, statt darauf zu brennen, einander mit Säbeln und Kanonen zu vernichten — wie so viel edler wäre dies ... Warum ist der Mensch so hartherzig? ... Beherrschte der Mensch auch nur die Anfangsgründe der Gerechtigkeit, so könnten die Dinge nicht so liegen. *[21]*

Aber der Krieg wird gemacht, um den menschlichen Ehrgeiz zu befriedigen. Um des weltlichen Gewinnes einiger weniger willen, wird schreckliches Elend über ungezählte Heime gebracht und das Herz von Hunderten von Männern und Frauen gebrochen! *[22]*

Sehet, wie in der Geschichte so mancher König seinen Thron auf Eroberungen gründete. Unter ihnen waren Dschingis Khan und Tamerlan, die sich den weiten Erdteil Asien unterwarfen, Alexander von Mazedonien und Napoleon I., die ihre anmaßenden Hände über drei der fünf Kontinente ausstreckten. Und was brachten alle ihre machtvollen Siege ein? Kam dadurch irgendein Land zur Blüte? Wurde Glück hervorgerufen? Blieb einer ihrer Throne bestehen? Oder haben nicht vielmehr ihre Dynastien bald wieder die Macht verloren? Abgesehen davon, daß Asien in den Flammen zahlloser Schlachten aufging und in Asche fiel, brachten seine Eroberungen Dschingis Khan, dem Kriegsherrn, nichts ein. Tamerlan erntete von all seinen Triumphen nur die Gewalt über Völker, die in alle Winde zerstoben waren, und allgemeines Elend. Alexander hatte von seinen gewaltigen Siegen nichts, als daß sein Sohn vom Throne stürzte und die Diadochen die Herrschaft über die Länder, die er regierte, an sich rissen. Und was erreichte Napoleon I. aus der Unterwerfung der Könige

Europas anderes als die Zerstörung blühender Länder, den Niedergang ihrer Bewohner, die Verbreitung von Not und Schrecken über ganz Europa und, am Ende seiner Tage, seine eigene Gefangenschaft? Soviel über die Eroberer und die Denkmäler, die sie sich setzten. *[23]*

Ist es recht und billig, daß Völker, unter denen derart schreckliche, den Maßstäben menschlichen Wohlverhaltens genau entgegengesetzte Ereignisse ablaufen, den Anspruch auf eine wirkliche, angemessene Kultur erheben? Noch dazu, wenn aus alledem kein anderes Ergebnis als ein vorübergehender Sieg erwartet werden kann? ... Immer wieder in den vergangenen Jahrhunderten hat der deutsche Staat die Franzosen bezwungen, immer wieder hat das französische Königreich deutsches Land beherrscht. Ist es da statthaft, daß in unseren Tagen sechshunderttausend hilflose Geschöpfe solchen äußerlichen, vorübergehenden Zwecken und Zielen zum Opfer gebracht werden? Nein, bei Gott dem Herrn! Selbst ein kleines Kind erkennt mit Leichtigkeit, wie böse dies alles ist. Dennoch hüllen triebhafte Leidenschaft und Begierden die Augen in tausend Schleier, die aus den Herzen aufsteigen und das äußere wie das innere Wahrnehmungsvermögen blind machen. *[24]*

Wie bedrückend ist es doch, zu sehen, daß der Mensch seine von Gott verliehenen Gaben mißbraucht, um Gottes Gebot »Du sollst nicht töten« zu verletzen und Christi Vorschrift »Liebet einander« Trutz zu bieten! Gott gab dem Menschen diese Macht, damit er sie zum Fortschritt der Zivilisation, zum Heil der Menschheit und zur Förderung der Liebe, der Eintracht und des Friedens nutze. Der Mensch aber zieht es vor, diese Gabe zur Vernichtung statt zum

Aufbau zu verwenden, zu Ungerechtigkeit und Unterdrückung, zu Haß und Mißklang, zur Verwüstung und zur Ausrottung seiner Nächsten, denen Christus befohlen hat, einander wie sich selbst zu lieben! *[25]*

Christus rief alle Völker der Welt zu Versöhnung und Frieden auf. Er befahl Petrus, sein Schwert in die Scheide zu stecken. So war Sein Wunsch und Rat, und doch haben die, welche Seinen Namen tragen, das Schwert aus der Scheide gezogen. Wie groß ist der Unterschied zwischen ihren Taten und dem ausdrücklichen Wortlaut des Evangeliums! *[26]*

Heutzutage haben wir vor jedem rechtschaffenen Tun die Augen verschlossen; das dauerhafte Glück der Gesellschaft haben wir unserem eigenen, vergänglichen Profit geopfert. Wir meinen, Fanatismus und blinder Eifer gereichen uns zu Nutz und Ehr, und nicht zufrieden damit, machen wir uns wechselseitig öffentlich schlecht und schmieden Ränke gegeneinander. Wann immer wir Weisheit und Gelehrsamkeit, Tugend und Frömmigkeit zur Schau stellen wollen, beginnen wir damit, daß wir diesen oder jenen verspotten und verunglimpfen. *[27]*

Warnungen aus dem Jahr 1875:
Die Rüstungsspirale

Bekannt ist der Fall von dem Herrscher, der Frieden und Gelassenheit um sich verbreitet und gleichzeitig mehr Kraftaufwand als die Kriegshetzer darauf verwendet, Waffen anzuhäufen und eine noch größere Armee aufzubauen mit der Begründung, daß Frieden und Eintracht nur mit Gewalt herbeigeführt werden könnten. Unter dem Vorwand des Friedens bietet man Tag und Nacht alle Kräfte auf, um noch mehr Kriegsgerät zusammenzutragen, und das unglückliche Volk muß den größten Teil dessen, was es unter Mühe und Schweiß erwirbt, aufbringen, um für diese Rüstung zu bezahlen. Wie viele haben ihre Arbeit in nutzbringenden Gewerben aufgegeben und mühen sich Tag und Nacht, neue, immer tödlichere Waffen herzustellen, mit denen das Blut des Menschengeschlechts noch reichlicher als zuvor vergossen werden kann. Jeden Tag erfindet man neue Bomben und Sprengstoffe, und dann sind die Regierungen gezwungen, ihre veralteten Waffen wegzuwerfen und damit zu beginnen, die neuen herzustellen, weil sich die alten gegen die neuen Waffen nicht behaupten können ... Und die überwältigenden Kosten all dessen müssen die unglücklichen Massen tragen. Urteil gerecht: Kann diese Zivilisation dem Namen nach den Frieden und die Wohlfahrt des Volkes herbeiführen oder das Wohlgefallen Gottes finden, solange sie nicht von einer wahren Zivilisation des Charakters getragen wird? Zerstört sie nicht vielmehr den Wohlstand des Menschen und reißt die Pfeiler des Glücks und des Friedens nieder? *[28]*

Wenn die Kriegsvorbereitungen im heutigen Umfang fortgeführt werden, erreichen die Rüstungen bald einen Stand, auf dem sie der Menschheit unerträglich werden. *[29]*

Vor 1914:
Warnungen vor einem großen Weltkrieg

Durchblättern wir die Seiten der früheren und der heutigen Geschichte, so sehen wir die dunkle Erde von Menschenblut gerötet. Die Menschen töten einander wie wilde Wölfe und vergessen das Gesetz der Liebe und der Duldung ... Der Krieg entwickelt sich vom Schlimmen zum noch Schlimmeren. Europa wurde zu einem riesigen Waffenplatz voller Sprengstoff, und sofern Gott nicht dessen Entzündung verhindert, wird sie die ganze Welt erfassen. *[30]*
(aus einer Ansprache vom 21. November 1911 in Paris)

Es ist sinnlos, darauf zu hoffen, daß die Nationen in ihrem gegenwärtigen Wettrüsten nachlassen werden. Ein großer Krieg in Europa kommt mit Sicherheit ... Europa ist ein einziges Waffenlager ... Die Rüstung selbst führt schon den Krieg herbei. *[31]*
*(aus einem Interview mit dem »Montral Daily Star«
Anfang August 1912)*

Das drängendste und bedeutendste Problem ist heute der Weltfriede. Der europäische Kontinent ist wie ein Arsenal, ein Lager voll Munition, die nur darauf wartet, gezündet zu werden; ein einziger Funken wird ganz Europa in Brand setzen, besonders jetzt, wo die Balkanfrage akut ist. *[32]*
(aus einer Ansprache im Oktober 1912 in Sacramento, Kalifornien)

Wir stehen am Vorabend der Schlacht von Harmagedon, von der im 16. Kapitel der Offenbarung die Rede ist. In zwei Jahren, von jetzt an gerechnet, kann ein einziger

Funken ganz Europa in Flammen setzen. Die soziale Unruhe in allen Staaten wird ganz Europa in Flammen setzen, wie es prophezeit ist im Buch Daniel und im Buch Johannes. Um 1917 werden Königreiche fallen und Umwälzungen werden die Erde erschüttern[*]. *[33]*
(aus einer Rede in Kalifornien im Oktober 1912)

Ein allgemeines Gemetzel der zivilisierten Völker ist in Sicht. Ein furchtbarer Kampf steht bevor. Die Welt befindet sich an der Schwelle eines höchst tragischen Ringens ... Unermeßliche Armeen, Millionen Menschen, werden mobilisiert und an die Grenzen gebracht werden. Sie werden gerüstet sein für den furchtbaren Streit. Die leiseste Reibung wird sie in eine schreckliche Katastrophe stürzen, und es wird ein Brand entstehen, desgleichen in der bisherigen Geschichte des Menschengeschlechts nicht berichtet ist. *[34]*
(geschrieben in Haifa am 3.8.1914, dem Tag des Einmarsches Deutschlands in Belgien)

Prophezeiung des Zweiten Weltkrieges

Erwägt in euren Herzen, wie schmerzlich die Unruhen sind, in welche die Welt versunken ist, wie die Nationen auf Erden mit Menschenblut besudelt sind, ja wie selbst ihr Boden in geronnenes Blut verwandelt ist. Die Flamme des Krieges hat einen so wilden Brand verursacht, wie die Welt

[*] Drei der mächtigsten Königreiche — Rußland, Deutschland, Österreich-Ungarn — fielen zu dieser Zeit. In Rußland siegte die Kommunistische Revolution.

in ihren alten Tagen, in ihren Mittelaltern und in neuen
Zeiten nie seinesgleichen sah. Die Mühlsteine des Krieges
haben so manches Menschenhaupt zermahlen und zer-
malmt; ja noch schwerer ist das Los dieser Opfer gewesen.
Blühende Länder sind verwüstet, Städte sind dem Erdbo-
den gleichgemacht und fröhliche Dörfer sind in Ruinen
verwandelt worden. Väter haben ihre Söhne verloren und
Söhne sind vaterlos geworden. Mütter haben blutige Trä-
nen bei der Klage um ihre Kinder vergossen, kleine Kinder
sind Waisen geworden und Frauen heimatlose Wanderer.
Mit einem Wort: die Menschheit ist in allen ihren Teilen erniedrigt worden. Laut ist der Schrei und das Jammern der
Waisen und bitter ist das Wehklagen der Mütter, das im
Himmel widerhallt. *[35]*
(geschrieben im Januar 1920)

Ich habe immer gesagt, daß die Friedensvorschläge nach
dem großen Krieg erst ein Schimmer der Dämmerung sei-
en, jedoch noch nicht der Sonnenaufgang. *[36]*
(aus einem Gespräch im November 1919)

Obgleich sich die Vertreter verschiedener Regierungen in
Paris*) versammelt haben, um die Grundlage für den Weltfrieden zu legen und der Menschheit dadurch Ruhe und
Trost zu schenken, herrscht zwischen einigen Persönlichkeiten noch Uneinigkeit, und das Eigeninteresse steht im Vor-
dergrund. In einer solchen Atmosphäre wird der Weltfriede

---

*) Friedenskonferenz, bei der der Erste Weltkrieg beendet und der Ver-
sailler Vertrag geschlossen wurde. Dieser wird allgemein als eine der
Ursachen für die Entwicklung zum Zweiten Weltkrieg gesehen.

nicht zu verwirklichen sein, im Gegenteil, es werden neue
Konflikte auftreten; denn die Interessen stehen gegeneinander und die Ziele stimmen nicht überein. *[37]*
(aus einem Brief vom 10. Januar 1919)

Die Krankheiten, an denen die Welt jetzt leidet, werden
sich vervielfachen; die Dunkelheit, die sie umschließt, wird
sich vertiefen. Der Balkan wird unzufrieden bleiben. Seine
Ruhelosigkeit wird wachsen. Die besiegten Mächte werden
weiterwühlen. Sie werden zu jeder Maßnahme greifen, die
die Flamme des Krieges wieder entzündet. Neugeschaffene
Bewegungen von weltweiter Bedeutung werden alle Kräfte
für den Fortschritt ihrer Pläne aufbieten. Die Bewegung der
Linken wird große Bedeutung erlangen. Ihr Einfluß wird
sich ausbreiten. [*] *[38]*
(geschrieben im Januar 1920)

Ein zweiter Krieg, grimmiger als der letzte, wird sicherlich
ausbrechen. *[39]*
(geschrieben kurz nach Ende des Ersten Weltkrieges)

[*] Jede einzelne hier gemachte Voraussage traf exakt ein: Die Staaten
des Balkan wurden innerlich immer weiter zerrissen durch die extreme
Rechte und Linke. Die Aussage über die »besiegten Mächte« kenn-
zeichnet die Entwicklung Deutschlands nach Versailles bis zur Macht-
ergreifung Hitlers. »Neugeschaffene Bewegungen«, vor allem des Fa-
schismus, erstarkten in allen Gegenden der Welt und errangen in vielen Ländern die Regierungsmacht. Auch die kommunistischen Partei-
en gewannen in vielen Ländern an Einfluß. Im volkreichsten Land der
Erde setzte sich schließlich Mao Tse-tung durch.

Die Ursachen des Krieges

Im Reich der Natur spielt der Kampf ums Dasein die herrschende Rolle — das Ergebnis davon ist das Überleben des Gewandteren. Das Gesetz des Überlebens des Gewandteren ist der Ursprung aller Schwierigkeiten. Es ist die Ursache von Krieg, Streit, Haß und Feindseligkeit unter den menschlichen Wesen ... Solange daher die Forderungen der Naturwelt die Hauptrolle unter den Menschenkindern spielen, sind Erfolg und Wohlergehen unmöglich. *[40]*

In alten Zeiten entwickelte sich im Kampf mit wilden Tieren der Instinkt für das Kriegerische. Man braucht ihn nicht länger; nein, man erkennt vielmehr, daß Zusammenarbeit und gegenseitiges Verständnis der Menschheit den größten Segen bringen. Feindschaft ist jetzt nur noch das Produkt von Vorurteilen. *[41]*

Solange diese Vorurteile herrschen, wird die Menschheit keine Ruhe finden. Über einen Zeitraum von 6000 Jahren berichtet uns die Geschichte von der Menschheit. Während dieser 6000 Jahre blieb die Menschenwelt nie von Krieg, Streit, Mord und Blutgier verschont. Während jedes Zeitabschnittes wurde in diesem oder jenem Land Krieg geführt, und dieser Krieg war entweder aus religiösem, rassischem, politischem oder vaterländischem Vorurteil entstanden. Es ist darum festgestellt und erwiesen, daß alle Vorurteile zerstörend auf das Gebäude der Menschheit wirken. Solange diese Vorurteile weiterbestehen, werden der Kampf ums Dasein vorherrschen und Blutdurst und Raubgier fortdauern. Deshalb kann, wie schon früher, die Menschheit aus der Finsternis der Erdgebundenheit nicht errettet werden und kann sie keine Erleuchtung empfangen, es sei denn, daß sie die Vorurteile ablegt. *[42]*

Die Hauptursache für alle diese Geschehnisse sind rassische, nationale, religiöse und politische Vorurteile, und die Wurzel aller dieser Vorurteile liegt in abgenützten, tiefeingesessenen Überlieferungen, seien diese religiös, rassisch, national oder politisch. Solange diese Traditionen bleiben, ist die Grundlage des Menschengebäudes unsicher und die Menschheit selbst ständiger Gefahr ausgesetzt. *[43]*

Religiöser Übereifer und Fanatismus

Denkt einmal über das Vorurteil der Religionen nach: Schaut euch die Nationen der sogenannten frommen Völker an. Würden sie wirklich Gott verehren, so würden sie Seinem Gesetz gehorchen, das ihnen untersagt, einander zu töten. Würden die Priester der Religionen wirklich den Gott der Liebe verehren und dem göttlichen Lichte dienen, so würden sie ihre Anhänger lehren, das Hauptgebot zu befolgen, das heißt, »mit allen Menschen in Liebe und Barmherzigkeit zu verkehren«. Doch wir begegnen dem Gegenteil, denn oft sind es die Priester, die die Nationen zum Kampf ermuntern. Der religiöse Haß ist immer der grausamste. *[44]*

Die wichtigste Ursache ist die falsche Darstellung der Religion durch die religiösen Führer und Lehrer. Sie lehren ihre Anhänger zu glauben, daß ihre eigene Form der Religion die einzige sei, die Gott gefällt, und daß der alliebende Vater die Anhänger jeder anderen Einstellung verdammt und

Seiner Gnade und Gunst benommen hat. Dadurch bildet sich unter den Völkern Ablehnung, Mißachtung, Streit und Haß heraus. Vermöchte man, diese religiösen Vorurteile hinwegzufegen, so würden sich die Völker bald des Friedens und der Eintracht freuen. *[45]*

Seit den ersten Tagen der Weltgeschichte bis auf unsere Zeit hat die Menschenwelt nicht einen Tag völliger Ruhe und Entspannung von Kämpfen und Streitigkeiten erlebt. Die meisten Kriege waren durch Glaubensvorurteile, Fanatismus und sektiererischen Haß verursacht. Eine Gruppe von Eiferern verfluchte die andere; jede meinte, die anderen seien von der Gnade Gottes ausgeschlossene, in schwarzer Finsternis befangene Satanssöhne. Zum Beispiel hielten die Christen und Muslime die Juden für teuflische Feinde Gottes; man verfluchte und verfolgte sie. Die Juden wurden in großer Zahl getötet, ihre Häuser geplündert und niedergebrannt, ihre Kinder in die Sklaverei abgeführt. Die Juden ihrerseits betrachteten die Christen als Heiden und die Muslime als Feinde und Zerstörer des mosaischen Gesetzes. Deshalb flehten sie die Rache des Himmels auf jene hernieder und fluchen ihnen bis auf den heutigen Tag. Überlegt, was der Menschheit seit Anbeginn der Geschichte an Beleidigungen, Heimsuchungen und Unheil zugefügt worden ist. Jede Stadt, jedes Land, jede Nation, jedes Volk sind der Vernichtung und Verheerung des Krieges zum Opfer gefallen. Jede der göttlichen Religionen betrachtet sich als einen stattlichen, gesegneten Baum, den Baum des Allbarmherzigen; die anderen religiösen Systeme rechnet man dagegen dem Baum des Bösen, dem Baume Satans zu. Aus diesem Grund häuft man Verwünschungen und Fluch aufeinander. *[46]*

Heute sind die Religionen uneins; unter ihnen herrschen Feindschaft, Streit und gegenseitige Beschuldigung; sie wollen sich nicht zusammenschließen — im Gegenteil, wenn sie es für nötig halten, vergießen sie ihr Blut. Lest in den Geschichtsbüchern und Chroniken nach, welch schreckliche Dinge im Namen der Religion geschehen sind ... Bloße Nachahmung zerstört die Grundlage der Religion, sie erstickt die Geistigkeit in der Menschenwelt, verkehrt himmlische Erleuchtung in Dunkelheit und raubt dem Menschen das Wissen um Gott. *[47]*

Viel von den Mißhelligkeiten und der Uneinigkeit in der Welt wird durch diese menschengemachten Gegensätzlichkeiten und Widersprüche hervorgerufen. Stünde die Religion im Einklang mit der Wissenschaft und würden sie miteinander gehen, so würde viel von dem Haß und der Bitternis vergehen, die die menschliche Rasse jetzt ins Elend bringen. *[48]*

Die falschen Vaterländer

Was das vaterländische Vorurteil betrifft, so entstammt auch dieses völliger Unwissenheit, denn die Erde ist *ein* Heimatland. Jedermann kann an jedem beliebigen Ort des Erdballs leben, darum ist die ganze Welt des Menschen Vaterland. Grenzen und Hoheitsgebiete sind durch den Menschen ersonnen worden, in der Schöpfung sind sie nicht verzeichnet. Europa ist *ein* Erdteil, Asien ist *ein* Erdteil, Afrika ist *ein* Erdteil, Australien ist *ein* Erdteil, aber einige Menschen haben aus persönlichen Beweggründen und aus

Eigennutz einen jeden dieser Erdteile zerteilt und einen bestimmten Teil davon als ihr eigenes Land betrachtet. Gott hat keine Grenzen zwischen Frankreich und Deutschland gezogen, die Länder gehen ineinander über. Wahrlich, in den ersten Jahrhunderten haben selbstsüchtige Seelen um ihrer eigenen Vorteile willen Grenzen und Gebiete festgelegt und haben Tag für Tag dem mehr Gewicht beigelegt, bis dies schließlich zu heftiger Feindschaft, Blutvergießen und Raubgier in den folgenden Jahrhunderten führte. So wird es ewig weitergehen, und wenn dieser Begriff der Vaterlandsliebe auf einen gewissen Kreis beschränkt bleibt, wird dies die Hauptursache der Weltzerstörung sein. Kein kluger und gerechter Mensch wird diese eingebildeten Unterscheidungen anerkennen. Eine begrenzte Fläche, die wir unser Vaterland nennen, betrachten wir als unser Heimatland — wogegen der Erdball doch *aller* Heimatland ist, nicht aber ein eng begrenztes Gebiet. *[49]*

Von jedem objektiven Standpunkt aus betrachtet ist der Friede zwischen allen Völkern eine Notwendigkeit und ein Gebot. Gott erschuf eine Erde und eine Menschheit, sie zu bevölkern. Der Mensch hat keine andere Wohnstatt; aber er hat sich erhoben und eingebildete Grenzlinien und territoriale Beschränkungen verkündet und nennt sie Deutschland, Frankreich, Rußland usw. Und unter der Wahnvorstellung eines fanatischen, engen Patriotismus werden Ströme kostbaren Blutes vergossen, um diese eingebildete Aufteilung unserer einen menschlichen Heimstatt zu verteidigen. Letzten Endes sind Forderung und Besitztitel auf ein Gebiet oder Heimatland nur ein Anspruch und eine Bindung an den Staub der Erde. Ein paar kurze Tage leben wir auf dieser Erde, dann liegen wir für immer unter ihrer

Decke. So ist sie unser Friedhof für alle Zeiten. Soll der
Mensch für das Grab kämpfen, das ihn verschlingt, für seine ewige Gruft? *[50]*

Soeben wurde mir gesagt, daß sich hier im Land ein furcht-
bares Unglück zugetragen hat. Ein Zug ist in den Fluß ge-
stürzt, und mindestens zwanzig Menschen sind dabei ums
Leben gekommen. Dies wird heute Gegenstand einer De-
batte im französischen Parlament sein, und der Direktor
der Staatsbahn wird aufgefordert werden zu sprechen. Man
wird ihn in ein Kreuzverhör über den Zustand der Schienen
und die Ursache des Unglücks nehmen, und es wird eine erregte Erörterung geben. Ich bin erstaunt und überrascht zu
sehen, welche Aufmerksamkeit und Aufregung der Tod
von zwanzig Menschen im ganzen Lande wachruft, während man der Tatsache, daß Tausende von Italienern, Tür-
ken und Arabern in Tripolis getötet werden, kalt und
gleichgültig gegenübersteht. Das Entsetzliche dieses Mas-
sengemetzels hat die Regierung keineswegs beunruhigt.
Und doch sind auch diese unglücklichen Menschen
menschliche Wesen. Warum wendet man diesen zwanzig
Wesen so viel Aufmerksamkeit und starkes Mitempfinden
zu, während es bei fünftausend Personen nicht der Fall ist?
Sie alle sind Menschen, sie alle gehören der Familie der
Menschheit an, freilich aber anderen Ländern und Rassen.
Es trifft die unbeteiligten Länder nicht, ob diese Menschen
zerstückelt werden. Dieses Massenschlachten berührt sie
nicht. Wie ungerecht, wie grausam das ist, wie völlig ent-
behrt es aller guten und echten Gefühle! Die Menschen jener anderen Länder haben Kinder und Gattinnen, Mütter,
Töchter und kleine Söhne. In jenen Ländern gibt es heute
wohl kaum ein Haus, in dem man nicht bitterlich weinen

hört, ist schwerlich ein Heim zu finden, das von der grausamen Hand des Krieges nicht berührt ist. *[51]*

So ist also die Abgrenzung verschiedener Völker und das davon herrührende Blutvergießen und Zerstörungswerk am Gebäude der Menschheit nur menschlicher Unwissenheit und eigennützigen Trieben entsprungen. *[52]*

Kriegspolitik

Das politische Vorurteil ist ebenso verderblich. Es ist eine der größten Ursachen bitteren Streites unter den Menschenkindern. Es gibt Menschen, die sich freuen, wenn sie Zwietracht stiften, die sich dauernd bemühen, ihr Land in den Krieg mit anderen Nationen zu hetzen. Und warum? Sie vermeinen, ihrem eigenen Land zum Nachteil aller übrigen einen Vorteil zu verschaffen. Sie entsenden Heere, um das Land zu erschöpfen und zu zerstören, um in der Welt berühmt zu werden, und aus Freude am Erobern, damit gesagt werden kann: »Solch ein Land hat ein anderes vernichtet und es seiner stärkeren, überlegeneren Herrschaft unterworfen.« Dieser Sieg, der um den Preis von vielem Blutvergießen errungen wurde, hat keine Dauer. Eines Tages wird der Sieger besiegt sein, und der Besiegte siegen. Erinnert euch der verflossenen Geschichte: War Frankreich nicht mehr als einmal über Deutschland siegreich, und hat die deutsche Nation nicht später Frankreich überwunden? Wir hören auch, daß Frankreich über England siegte, und die englische Nation dann siegreich über Frankreich war. Derartige glänzende Eroberungen sind so vergänglich. Warum mißt man ihnen und ihrem Ruhm eine solche Bedeutung bei, daß man bereit ist, das Blut des Volkes für ihre Erreichung zu vergießen? Ist irgendein Sieg die unvermeidliche Kette von Trübsalen wert, die auf den Menschenmord folgt, den Kummer, die Sorge und den Zusammenbruch, die über so viele Heime der beiden Nationen kommen müssen? Denn es ist nicht möglich, daß nur *ein* Land leide. *[53]*

Der ganze politische Aberglaube beruht auf Mangel an Weisheit und Verständnis, auf unzulänglicher Beobachtung und Analyse. Tatsächlich verbirgt die Mehrheit der Reaktionäre und der Zauderer hinter einem Staudamm eitler Worte lediglich ihre eigensüchtigen Interessen; sie verwirren den hilflosen Massen den Sinn mit öffentlichen Erklärungen, die in keinerlei Bezug zu ihren gut versteckten Zielsetzungen stehen. *[54]*

*Heute muß dem Weltfrieden größte Bedeutung zu-
gemessen werden; zur dauerhaften Sicherheit seiner
Grundlagen ist jedoch die Einheit des Bewußtseins
von wesentlicher Bedeutung. [55]*

2. Die Ebenen des Friedens

2.1. Der Friede des Geistes

Um die Wahrheit zu finden, müssen wir von unseren Vorurteilen, unseren eigenen kleinlichen, alltäglichen Vorstellungen lassen; ein offener, empfänglicher Sinn ist nötig.
Wenn unser Kelch vom Ich erfüllt ist, so ist in ihm kein
Raum mehr für das Wasser des Lebens. Die Tatsache, daß
wir meinen, selber im Recht zu sein und jeden anderen für
im Unrecht halten, ist das größte aller Hindernisse auf dem
Weg zur Einheit, und Einheit ist nötig, wenn wir zur
Wahrheit kommen wollen, denn die Wahrheit ist nur *eine*.
[56]

Einheit und Vielfalt

Es ist klar, daß die Wirklichkeit der Menschheit verschie-
dengeartet ist, daß Meinungen auseinandergehen und Ge-
sinnungen sich unterscheiden; und dieser Unterschied der
Meinungen und Gedanken, der Denkfähigkeit und Gesinnung unter den verschiedenen Menschen entspringt uner-
läßlicher Notwendigkeit; denn die Unterschiede in den
Stufen des Daseins der Geschöpfe sind ein Erfordernis des
Daseins, das sich in unendlich vielen Formen entfaltet.
Darum brauchen wir eine umfassende Kraft, die die Gesin-

nungen, Meinungen und Gedanken aller beherrschen kann und derzufolge diese Spaltungen keinen Einfluß mehr haben und jeder einzelne unter den Einfluß der Einheit der Welt der Menschheit gebracht werden kann. Es ist klar und offensichtlich, daß diese größte Macht in der menschlichen Welt die Liebe Gottes ist. Sie bringt die verschiedenen Gruppen unter den Schutz des Zeltes der Liebe und schenkt den gegnerischen und feindlichen Völkern und Familien die größte Liebe und Eintracht. *[57]*

Vergleiche die Welt des Daseins mit dem Tempel des Menschen! Alle Glieder und Organe des Menschenkörpers helfen einander; darum gibt es Leben. Wenn in diesem wundervollen Organismus eine Trennung entsteht, wandelt sich das Leben in Tod, und die Teile des Körpers zersetzen sich. Ebenso walten unter den Bestandteilen des Daseins ein wundervoller Zusammenhang und ein Kräfteausgleich, der die Ursache des Lebens in der Welt und der Fortdauer seiner zahllosen Erscheinungen bedingt ... Aus dieser Erklärung ist die Grundlage des Lebens in dieser gegenseitigen Stütze und Hilfe zu erkennen, und eine Unterbrechung des gegenseitigen Beistandes würde zur Ursache der Zerstörung und des Nichtseins werden. Je mehr die Welt der Zivilisation zustrebt, umso brennender wird diese äußerst wichtige Frage der Zusammenarbeit. So sehen wir also in der Menschenwelt diese Tatsache gegenseitiger Nützlichkeit einen hohen Grad der Wirksamkeit erreichen, so hoch, daß die Fortdauer der Menschheit voll und ganz von dieser gegenseitigen Beziehung abhängt. *[58]*

So ist es hinsichtlich des Weltalls und seiner Zerstörung, seines Bestehens und seines Nichtbestehens. Jedes mögliche

Ding ist aus verschiedenen und zahlreichen Elementen gebildet, und das Dasein eines jeden ist das Ergebnis von Zusammensetzung. Das heißt, wenn zwischen einfachen Elementen eine Zusammensetzung vor sich geht, so entsteht
daraus ein neues Wesen. Die Schöpfung der Dinge kommt
auf diese Weise zustande. Wenn diese Zusammensetzung
in Unordnung gerät, so folgt darauf die Auflösung: die Elemente zerfallen, und das Dasein dieses Wesens wird beendet. Das heißt, die Beendigung dieses Daseins eines jeden
Dinges beruht auf der Auflösung und Trennung der Elemente. Daher will jede Vereinigung und Farbe von Blät-
tern, Blüten und Früchten jeweils auch zur Schönheit und
zum Liebreiz der anderen beitragen und einen wunderba-
ren Garten erstehen lassen und sich in höchster Lieblichkeit, Frische und Süße offenbaren. So ist auch dieser Einfluß der Zusammensetzung unter den Elementen, wenn
Unterschiede und Mannigfaltigkeit der Gedanken, Formen, Meinungen, Charaktere und Sitten in der Menschheit
unter die Herrschaft *einer* höchsten Macht gelangen, die
Ursache des Lebens, während Auflösung und Trennung
den Tod zur Folge haben. Kurz, Anziehung und Harmonie
der Dinge sind dieUrsache des Heranreifens von Früchten
und nützlichen Ergebnissen, während Abstoßung und Widerstreit der Dinge die Ursache der Verwirrung und der
Auflösung sind. Aus Harmonie und Anziehung gehen alle
möglichen lebenden Dinge hervor, Pflanze, Tier und
Mensch, aber durch Disharmonie und Abstoßung setzt Zerfall ein und wird Auflösung sichtbar. Deshalb bedeutet alles, was Harmonie, Anziehung und Einigkeit unter den
Menschen schafft, Leben der Menschheit, während Streit,
Absonderung und Trennung die Ursachen des Todes der
Menschheit sind. *[59]*

Die Einheit des Seins

Bedenkt: die Einheit ist nötig für das Dasein. Liebe ist die wahre Ursache des Lebens, während Trennung Tod bringt. In der Welt der materiellen Schöpfung z.B. verdanken alle Dinge ihr gegenwärtiges Leben der Einheit. Die Urstoffe, aus denen das Holz, das Mineral oder der Stein bestehen, werden durch das Gesetz der Anziehung zusammengehalten. Hörte dieses Gesetz nur einen Augenblick lang auf zu wirken, so würden diese Elemente ihren Zusammenhalt verlieren, sie würden auseinanderfallen, und der Gegenstand in dieser besonderen Form würde nicht mehr bestehen. Das Gesetz der Anziehung hat gewisse Urstoffe in der Form dieser schönen Blume zusammengebracht; wird aber jene Anziehung aus diesem Mittelpunkt zurückgezogen, so wird die Blume zerfallen und ihr Bestand als Blume enden. So ist es auch mit dem großen Körper der Menschheit. Das wunderbare Gesetz der Anziehung, des Einklangs und der Einheit hält diese wundersame Schöpfung zusammen. Wie es mit dem Ganzen ist, so ist es auch mit den Teilen. Gleichviel ob Blume oder menschlicher Körper, wenn das Prinzip der Anziehung daraus zurückgezogen wird, so stirbt die Blume wie der Mensch. Es ist darum klar, daß Anziehung, Einklang und Liebe Ursache des Lebens sind, wogegen Abstoßung, Mißhelligkeiten, Haß und Trennung Tod bewirken. Wir haben gesehen, daß alles, was Spaltung in die Welt des Daseins bringt, den Tod verursacht. In gleicher Weise wirkt das nämliche Gesetz in der Welt des Geistes. Darum sollte jeder Diener des einen Gottes dem Gesetz der Liebe folgen und jederlei Haß, Uneinigkeit und Streit vermeiden. *[60]*

Heute abend will ich zu euch über das Thema Sein und Nichtsein, Leben und Tod sprechen. Das Sein ist Ausdruck und Ergebnis von Zusammensetzung und Verbindung. Das Nichtsein ist Ausdruck und Ergebnis von Teilung und Auflösung. Wenn wir die Formen des Seins in der materiellen Welt studieren, finden wir, daß alle erschaffenen Dinge das Ergebnis von Zusammensetzung sind. Die Elemente der Materie haben in unendlicher Vielfalt und zu endlosen Formen zusammengefunden. Jeder Organismus ist eine Verbindung; jeder Gegenstand ist Ausdruck der Anziehung von Elementen. Wir finden, daß der komplexe menschliche Organismus lediglich eine geordnete Häufung von Zellen ist; der Baum ist aus Pflanzenzellen zusammengesetzt; das Tier ist aus kleinsten Zellteilen und -einheiten aufgebaut, und so weiter. Existenz oder der Ausdruck des Seins ist daher Zusammensetzung, Nicht-Existenz ist Zerfall, Teilung, Auflösung. Wenn Elemente nach einem ganz bestimmten Bauplan zusammengesetzt sind, dann ist das Ergebnis der menschliche Organismus; wenn sich diese Elemente trennen und auflösen, dann führt das zu Tod und Nichtsein. Das Leben ist demnach das Ergebnis von Zusammensetzung und Tod das Zeichen von Auflösung. Auf die Welt des Geistes und der Seele übertragen, führt Gemeinschaft, ein Ausdruck der Zusammensetzung, zum Leben; Zwietracht dagegen, die ein Ausdruck von Zerfall ist, ist dem Tode gleichzusetzen. Ohne Zusammenhalt zwischen den Einzelelementen, aus denen sich der Gesellschaftskörper zusammensetzt, müssen zwangsläufig Auflösung und Zerfall eintreten und das Leben aufhören ... Deshalb ist es in der Menschenwelt weise und angebracht, daß alle Einzelglieder Einheit und Zusammengehörigkeit zeigen. *[61]*

Da jeder atomare Bestandteil, jedes Element in den physischen Organismen des Lebens dem Kreislauf durch endlose Formen und Stufen unterworfen ist und Eigenschaften besitzt, die diesen Formen und Zuständen eigentümlich sind, liegt es auf der Hand, daß alle Erscheinungen stofflichen Seins im Grunde eins sind ... Wenn dies für die stofflichen Erscheinungen gilt, um wieviel klarer und wesentlicher ist es dann, daß Einheit den Menschen auf der Ebene des Geistigen, die nur im Reiche des Menschen Ausdruck findet, kennzeichnen sollte! Der Ursprung alles stofflichen Lebens ist wahrlich eins, sein Ende und Ziel ist gleichfalls eins. Warum sollte der Mensch — angesichts dieser grundlegenden Einheit und Übereinstimmung alles Lebens der Erscheinungswelt — in seinem Daseinsbereich Krieg führen und sich in Feindschaft und zerstörendem Hader gegen seinen Nebenmenschen wenden? ... Warum sollte der Mensch in Anbetracht dieser wundervollen Einheit der Reiche des Seins und ihrer Verkörperung im höchsten und vornehmsten aller Geschöpfe zu seinem Mitmenschen in Widerspruch stehen und mit ihm im Streit liegen? Ist es angemessen und zu rechtfertigen, daß er Krieg führt, wenn Einklang und wechselseitige Abhängigkeit die Lebensbereiche unter ihm kennzeichnen? Die Grundstoffe und Organismen, die unter dem Menschen stehen, wirken in dem großen Plan des Lebens zusammen. Soll der Mensch, der seiner Stufe nach unermeßlich hoch über ihnen steht, sich dieser vollkommenen Ordnung widersetzen und sie zerstören? ... Aus der Gemeinschaft und der Vermengung von Elementarteilchen entsteht das Leben ... Alle Elemente stehen in Einklang und Gleichgewicht ... Ein physikalischer Zusammenprall, sozusagen ein kleiner Streit zwischen den Elementen, und verheerende Umwälzungen der Natur sind die Folge. Dies geht im Mineralreich vor sich. Nun denkt nach über die Auswirkungen von Mißklang und Streit im Reiche des Menschen, das der Ebene des unbelebten Seins so hoch überlegen ist. Wie katastrophal sind die Begleitumstände, vor allem, wenn wir uns vergegenwärtigen, daß der Mensch von Gott mit Geist und Verstand begabt wurde! ... Es ist weder schicklich noch angebracht, daß ein derart edles Geschöpf das Blut seiner Mitgeschöpfe auf dem Schlachtfeld vergießt — ein Geschöpf, das mit Verstand und erhabenen Gedanken begabt ist, das die Fähigkeit zu wundervollen Errungenschaften und Entdeckungen in Kunst und Wissenschaft besitzt und dem die Möglichkeit zu noch höheren Wahrnehmungen, zur Verwirklichung göttlicher Absichten in seinem Leben innewohnt ... Sollte er diese idealen Werte aufgeben und diese Möglichkeiten des Fortschritts zerstören? *[62]*

Das Prinzip Liebe

Wir erklären, daß Liebe die existentielle Ursache aller Erscheinungen ist und daß das Fehlen von Liebe Auflösung oder Nichtsein bewirkt. Liebe ist das bewußte Lehen Gottes, das Band der Sinnverwandtschaft zwischen allen Erscheinungen. *[63]*

Gott hat für die Menschheit den Glanz der Liebe gewünscht, doch durch Blindheit und Unverständnis hat der Mensch sich in die Schleier von Zwietracht, Streit und Haß gehüllt. Was die Menschen am nötigsten brauchen, sind Zusammenarbeit und gegenseitige Hilfe. Je stärker die

Bande der Gemeinschaft und Solidarität unter den Menschen sind, desto größer wird die Kraft des Aufbaus und der Vollendung auf allen Ebenen menschlichen Handelns. Ohne Zusammenarbeit und ohne die Haltung der Gegenseitigkeit bleibt das einzelne Glied der menschlichen Gesellschaft auf sich selbst bezogen, es wird nicht durch altruistische Ziele beflügelt, ist beschränkt und einsiedlerisch in seiner Entwicklung. *[64]*

Das Ziel ist Einklang, damit durch diese Verbundenheit die Herzen vollkommen vereinigt, damit gegenseitiges Wohlwollen und Hilfsbereitschaft begründet werden. Da die Mitglieder der menschlichen Gesellschaft nicht in der Lage sind, ohne gegenseitige Verbundenheit zu leben, sind Zusammenarbeit und Hilfsbereitschaft die Grundlagen der menschlichen Gesellschaft. Ohne die Verwirklichung dieser beiden großen Grundsätze macht keine bedeutende Bewegung Fortschritte. *[65]*

Die Liebe ist der eigentliche Kern des Friedens, der Friede ist ein Ergebnis der Liebe. Solange es die Liebe nicht gibt, wird kein Friede sein; aber es gibt auch einen sogenannten Frieden ohne Liebe. Die Liebe, die von Gott kommt, ist die Grundlage. Auf diese Liebe zielt alles menschliche Handeln; sie ist die Ausstrahlung des Himmels, das Licht des Menschen. *[66]*

Was für eine Macht ist doch die Liebe! Sie ist die wunderbarste, die größte aller Lebenskräfte. Die Liebe gibt dem Leblosen das Leben; sie entzündet eine Flamme in erkalteten Herzen. Die Liebe gibt dem Hoffnungslosen Hoffnung und macht leidgeprüfte Herzen froh. In der Welt des Seins

gibt es wahrlich keine größere Macht als die der Liebe.
Wenn des Menschen Herz im Feuer der Liebe erglüht, ist er
bereit, alles zu opfern, sogar sein Leben … Jeder sieht in
der Seele des anderen einen Spiegel der Schönheit Gottes.
Und hat er diesen Grad der Ähnlichkeit entdeckt, fühlt er
sich in Liebe zum anderen hingezogen. Diese Liebe wird alle Menschen zu Wogen eines Meeres, zu Sternen eines Fir-
mamentes und zu Früchten eines Baumes machen. Diese
Liebe wird wahre Übereinstimmung ermöglichen und den
Grundstein zu echter Einigkeit legen. *[67]*

Wisse wahrlich: Liebe ist das Geheimnis göttlicher Offenbarungen! Liebe ist strahlende Offenbarung! Liebe ist die
geistige Erfüllung! Liebe ist das Licht des Reiches Gottes!
Liebe ist der Odem des Heiligen Geistes, der in den
menschlichen Geist gehaucht ist! Liebe ist die Ursache der
Offenbarung der Wahrheit in der Welt der Erscheinung!
Liebe ist das notwendige Band, das aus der Wirklichkeit der
Dinge durch die göttliche Schöpfung hervorgeht! Liebe ist
das Mittel zur höchsten Glückseligkeit in der Welt des Stof-
fes wie der Welt des Geistes! Liebe ist das Licht der Führung
im nächtlichen Dunkel! Liebe ist das Band zwischen dem
Schöpfer und dem Geschöpf in der Welt des Inneren! Liebe
ist die Ursache der Entwicklung für jeden erleuchteten
Menschen! Liebe ist das größte Gesetz in diesem unermeßli-
chen Reiche Gottes! Liebe ist das *eine* Gesetz, das die Ordnung zwischen den bestehenden Atomen hervorbringt und
über sie Macht hat! Liebe ist die allgemeine magnetische
Kraft, die zwischen den Planeten und Sternen herrscht, die
am hohen Himmelszelt leuchten! Liebe ist die Ursache, die
den suchenden Sinnen die Geheimnisse enthüllt, die der
Unendliche ins All gelegt hat! Liebe ist der Geist des

Lebens im freigebigen Boden der Erde! Liebe ist der Anlaß zur Gesittung der Völker auf dieser vergänglichen Erde! Liebe ist die höchste Ehre für alle gerechten Völker! *[68]*

Wenn wir die Erscheinungen des Weltalls beobachten, stellen wir fest, daß die Achse, um die sich das Leben dreht, die Liebe ist, während Haß und Feindschaft die Achse des Todes und der Vernichtung sind … So ist klar bewiesen, daß auf allen Stufen und in allen Reichen der Schöpfung Liebe und Kameradschaft Leben bewirken, während Zwietracht, Feindseligkeit und Absonderung letztlich immer tödlich wirken. Deshalb müssen wir mit ganzer Seele bemüht sein, daß Tag für Tag Einheit und Verständigung unter den Menschen wachsen, daß Liebe und Zuneigung immer herrlicher und strahlender offenbar werden. *[69]*

2.2. Der Friede der Religionen

Alle heiligen Bücher wurden geschrieben, um die Menschen auf den Weg der Liebe und der Eintracht zu geleiten, und dennoch und trotz allem haben wir mitten unter uns das traurige Schauspiel des Krieges und des Blutvergießens. *[70]*

In allen vergangenen Jahrhunderten hat jedes religiöse System seine eigene Überlegenheit und Großartigkeit herausgestellt und die Gültigkeit aller anderen verleugnet und verlacht. Jedes hat seinen eigenen Glauben als das Licht, den aller anderen als Dunkelheit dargestellt. Religiöse Eiferer haben die Menschenwelt in zwei Bäume geschieden: der eine göttlich und segenbringend, der andere satanisch; sich selbst sahen sie als Zweige, Blätter und Früchte des göttlichen Baumes und alle anderen, die mit ihrem Glauben nicht übereinstimmten, als die Ausgeburt des satanischen Baumes. *[71]*

Warum wollen wir diesen religiösen Streit nicht beenden und ein Band der Zusammengehörigkeit zwischen den Herzen der Menschen knüpfen? Warum sollten nicht die Anhänger einer Religion den Begründer oder Lehrer einer anderen loben und preisen? ... Sie könnten durch eine solche Haltung und Feststellung nichts verlieren. Vielmehr würden sie einen Beitrag leisten zum Wohlergehen der Menschheit. Sie würden das Mittel sein, durch das das Glück der Menschheit herbeigeführt wird ... Wenn unser Gott nur einer und der Schöpfer der ganzen Menschheit ist, dann sorgt Er auch für alle und beschützt alle. Wir anerkennen Ihn als gütigen, gerechten und gnädigen Gott. Warum sollten dann wir, Seine Kinder, die an Ihn glauben, uns bekriegen und bekämpfen und uns gegenseitig Sorge und Herzenskummer bereiten? *[72]*

Innen und Außen

Alles Trennende, das wir auf allen Seiten sehen, all dieses Streiten und diese Gegensätze rühren daher, daß sich die Menschen an kirchliche und äußerliche Bräuche hängen und die einfache Wahrheit, die ihr Untergrund ist, vergessen. Es ist die *äußerliche Ausübung* der Religion, die so verschieden ist, und sie ist es, die Streitigkeiten und Feindschaft wachruft. *[73]*

Alle umgeben sich mit Grenzen. Wenn alle einander verdammen, wo sollen wir dann die Wahrheit suchen? Da alle einander widersprechen, können sie nicht alle wahr sein. Wenn alle vermeinen, daß ihre Religion alleinig wahr sei, so machen sie sich selber blind für die Wahrheit, die in den anderen ist ... Wir sollten uns daher von den äußeren religiösen Formen und Bräuchen lösen. Wir müssen uns vergegenwärtigen, daß diese Formen und Bräuche, wie schön sie auch immer seien, nur Gewändern gleichen, in die das warme Herz und die lebendigen Glieder der göttlichen Wahrheit eingehüllt sind. Wir müssen die Vorurteile der Überlieferung fallen lassen, wenn wir die Wahrheit mit Erfolg im Kern von allen Religionen finden wollen. *[74]*

Diese Traditionen, diese Dogmen sind wie die Schalen
um den Kern. Wir müssen das Innere, den Kern, von der
Schale lösen. *[75]*

Wahrheit ist unteilbar

Der Religionen sind viele, aber es gibt nur *eine* Wahrheit
der Religion. Der Tage sind viele, aber nur *eine* Sonne
strahlt. Es gibt viele Quellen, aber jede Quelle hat den gleichen Ursprung. Ein Baum hat viele Zweige, dennoch ist es
nur *ein* Baum. Grundlage der göttlichen Religionen ist die
Wahrheit; wäre diese nicht, gäbe es keine Religionen ...
Die Wahrheit ist eine und unteilbar. Sie läßt keine Verviel-
fachung oder Teilung zu. Die Wahrheit ist wie die Sonne,
die von verschiedenen Ausgangspunkten aus scheint; sie ist
wie das Licht, das viele Lampen erhellt. Wenn daher die
Religionsgemeinschaften die Wirklichkeit erforschen und
nach der Wahrheit in den geoffenbarten Grundlagen ihres
Glaubens suchen, werden sie übereinstimmen und keinen
Unterschied feststellen. Da aber die Religionen in dogmati-
schen Nachahmungen versunken sind, ihre ursprünglichen
Grundlagen aufgegeben haben, und da diese verschiedenen Nachahmungen weit auseinandergehen, weichen die
Religionen voneinander ab und sind im Widerstreit. Die
Nachahmungen können mit Wolken verglichen werden,
die den Sonnenaufgang verdunkeln; aber die Wirklichkeit
ist die Sonne. Wenn sich die Wolken verziehen, scheint die
Sonne der Wirklichkeit auf alle ... Die Religionen stimmen
dann überein, denn in ihren Grundlagen sind sie gleich.
[76]

Gott hat die Religion zur Ursache und zum Mittel gemeinsamer Anstrengung und Vervollkommnung der Menschen bestimmt. Zu diesem Zweck hat Er ... die heiligen Manifestationen des Wortes gesandt, [*] auf daß die grundlegende Wirklichkeit und Religion Gottes sich als das Band menschlicher Einheit erweisen möge; denn die von den heiligen Boten offenbarten göttlichen Religionen haben eine und dieselbe Grundlage. *[77]*

Gott der Allmächtige hat das ganze Menschengeschlecht aus dem Staub der Erde erschaffen. Er hat alle aus denselben Elementen gebildet; sie stammen von derselben Rasse ab und leben auf derselben Erde. Er hat sie erschaffen, unter dem einen Himmel zu wohnen. Er hat sie als Glieder der menschlichen Familie und als Seine Kinder mit gleichem Empfindungsvermögen ausgestattet. Er erhält alle, beschützt sie alle und ist gütig zu allen. Er hat in Seiner gnadenvollen Zuwendung keinen Unterschied zwischen Seinen Kindern gemacht. Mit unparteiischer Liebe und Weisheit hat Er Seine Propheten und göttlichen Lehren herabgesandt. Seine Lehren sind das Mittel, Einigung und Verbundenheit unter den Menschen zu stiften und in den Menschenherzen Liebe und Güte zu wecken. Er verkündet die Einheit des Menschenreiches. Er verabscheut, was Unterschiede erzeugt und die Eintracht zerstört; Er empfiehlt und preist jedes Mittel, das zur Solidarität des Menschengeschlechts beiträgt. Er ermutigt den Menschen zu jedem Schritt nach vorn, der schließlich zur Einheit führt. Die

---

[*] Abraham, Moses, Zarathustra, Krishna, Buddha, Christus, Muhammad usw.

Propheten Gottes waren von der Botschaft der Liebe und Einheit beseelt. Die göttlichen Bücher wurden offenbart, damit Verbundenheit und Einheit aufgebaut würden. *[78]*

Die Religion Gottes ist die Wirklichkeit, und die Wirklichkeit ist nicht vielschichtig, sondern eins. Deshalb sind die Grundlagen der Religionssysteme eins: Alle gehen von der unteilbaren Wirklichkeit aus. Die Anhänger dieser Systeme jedoch sind uneins geworden. Zwietracht, Streit und Krieg haben sich zwischen ihnen erhoben, denn sie haben die Grundlage verlassen und sich an das gehalten, was nur Nachahmung und äußere Form ist. Da diese Nachahmungen voneinander abweichen, sind Streit und Feindschaft entstanden. So hat zum Beispiel Seiner Heiligkeit Christus ... die Grundlage ewiger Wirklichkeit gelegt, aber nach Seinem Hinscheiden sind viele Sekten und Spaltungen in der Christenheit aufgetreten. Wie ist es dazu gekommen? Zweifellos gehen diese Spaltungen auf dogmatische Nachahmungen zurück, sind doch die Grundlagen, die Christus gelegt hat, die Wirklichkeit selbst, innerhalb deren es keine Abweichungen gibt. Wo immer Nachahmungen in Erscheinung traten, bildeten sich Sekten und Konfessionen. *[79]*

Was die Gedanken der Menschen zusammenführt

Wenn die Christen aller Richtungen und Konfessionen die Wirklichkeit erforschen, werden die Grundlagen Christi sie zusammenführen ... Genauso ist es im großen Maßstab: Wenn sich alle bestehenden Religionssysteme von vorväterlichen Nachahmungen abwenden, die Wirklichkeit erforschen und die wahre Bedeutung der heiligen Bücher zu ergründen suchen, werden sie sich vereinen und auf derselben Grundlage, der Wirklichkeit, übereinstimmen. ... Eines der großen Religionssysteme der Welt ist der Islám ... Seit mehr als tausend Jahren herrschen Feindschaft und Streit. zwischen den Muslimen und den Christen, und schuld daran sind Mißverständnisse und geistige Blindheit ... Im Qur'án findet sich eine Lobrede, ein Preisgesang auf Christus, wie man sie nicht einmal im Evangelium antrifft ... Daraus ist klar ersichtlich, daß es Unwissenheit und Mißverständnisse waren, die so viel Krieg und Streit zwischen den Christen und den Muslimen verursachten ... Wären die heiligen Bücher richtig verstanden worden, wäre es nie zu dieser Zwietracht und diesem Elend gekommen; stattdessen hätten Liebe und Freundschaft die Oberhand gewonnen. Dies gilt auch für alle anderen Religionen ... Die ureigenste Absicht der Religion Gottes ist die Errichtung der Einheit unter den Menschen. Die göttlichen Manifestationen ebneten den Weg zu Freundschaft und Liebe. Sie sind nicht gekommen, Uneinigkeit, Streit und Haß in die Welt zu bringen. Die Religion Gottes ist die Ursache der Liebe; wird sie stattdessen zur Quelle der Feindschaft und des Blutvergießens gemacht, würde man besser ohne sie auskommen, denn dann wird sie teuflisch, verderblich und ein Hindernis für die Welt der Menschen. *[80]*

Sollen wir weiterhin in Fanatismus versunken bleiben, und uns an unsere Vorurteile klammern? Ist es angemessen, daß wir immer noch an diese alten Legenden und abergläubischen Vorstellungen der Vergangenheit gebunden und durch sie gehemmt sind? Daß wir durch überholte Glaubensaussagen und durch die Unwissenheit finsterer Zeiten gefesselt werden ... und einander meiden und fluchen? Frommt uns das? Ist es nicht besser für uns, einander Liebe und Rücksichtnahme zu erweisen? Ist es nicht vorzuziehen, sich an der Gemeinsamkeit und Einheit zu freuen, gemeinsam in Lobeshymnen auf Gott den Allhöchsten einzustimmen und alle Seine Propheten im Geiste der Anerkennung und wahrer Einsicht zu rühmen? Dann wird diese Welt wirklich das Paradies werden, und der verheißene Tag Gottes wird anbrechen. Dann werden, wie es Jesaja verhieß, Wolf und Lamm vom gleichen Wasser trinken, ... Löwe und Kalb auf einer Wiese weiden. Was bedeutet das? Es bedeutet, daß leidenschaftlich streitende Religionen, verfeindete und auseinanderstrebende Glaubensrichtungen sich versöhnen und verbinden, ungeachtet ihres früheren Hasses und ihrer Zwietracht. *[81]*

Die Muslime müssen in die christlichen Kirchen und in die Synagogen der Juden gehen, und umgekehrt müssen die anderen in die muslimischen Moscheen gehen. Sie halten sich nur um ihrer unbegründeten Vorurteile und Dogmen willen voneinander fern ... Alle Führer müssen ebenso in jede der anderen Kirchen gehen und über die Grundlage und die Hauptprinzipien der göttlichen Religionen sprechen. In größter Einigkeit und Harmonie müssen sie in den Gotteshäusern der anderen Gott verehren und den Fanatismus ablegen. *[82]*

Die Sonne sehen, wo immer sie scheint

Die Wahrheit ist eine in allen Religionen und durch sie vermag die Einigkeit der Welt zur Tat zu werden... Würden die Menschen nur nach Wahrheit suchen, so würden sie sich einig finden. *[83]*

Weil der Mensch unter Vernachlässigung des Gesetzes Gottes seine Ohren vor der Stimme der Wahrheit und seine Augen vor dem heiligen Licht verschlossen hat, darum hat das Dunkel des Krieges und des Aufruhrs, der Unruhe und der Not die Erde zur Öde werden lassen. *[84]*

Die Seelen, die ihren Blick auf die Sonne der Wirklichkeit richten, werden ihr Licht aufnehmen, einerlei an welchem Punkte sie aufgeht, aber jene, die wie gefesselt den Aufgangsort anbeten, bemerken sie nicht, wenn sie an einer anderen Stelle des geistigen Horizontes erscheint. *[85]*

Manche Menschen haben Augen und sehen. Sie verehren die Sonne, gleichviel, von welchem Punkt des Horizontes sie heraufsteigt, und wenn die Sonne den Winterhimmel verlassen hat, um am sommerlichen Himmel zu erscheinen, so wissen sie, wo sie sie wiederfinden. Dann wieder gibt es Menschen, die nur den Ort, an dem die Sonne aufgegangen ist, verehren, und geht sie in ihrer Pracht an einem anderen Orte auf, so verharren sie in Betrachtung vor dem Orte ihres früheren Aufgangs. Ach, diesen Menschen bleiben die Segnungen der Sonne vorenthalten! Wer in Wahrheit die Sonne selbst verehrt, wird sie erkennen, an welchem Aufgangsort sie auch erscheinen mag, und er wird sein Angesicht ihrem Glanz geradewegs entgegenheben. Wir müssen die Sonne selbst und nicht nur ihren Erscheinungsort verehren. So verehren auch die Menschen, deren Herz erleuchtet ist, die Wahrheit wo immer sie am Horizonte aufgeht. Sie sind durch keine Persönlichkeit gebunden, sondern folgen der Wahrheit und sind fähig, sie zu erkennen, gleichviel, woher sie kommen mag. Es ist die gleiche Wahrheit, die der Menschheit vorwärts hilft und allen Geschöpfen Leben gibt, denn sie ist der Baum des Lebens. *[86]*

Der Mensch muß das Licht lieben, gleichgültig, woher es kommt. Er muß die Rose lieben, gleichgültig, in welchem Boden sie wächst. Er muß ein Sucher nach Wahrheit sein, gleichgültig, aus welcher Quelle sie fließt. Anhänglichkeit zur Lampe ist nicht Liebe zum Licht. Anhänglichkeit an die Erde ziemt sich nicht, aber Ergötzen an der Rose, die der Erde entsprießt, ist von Wert. Wertschätzung des Baumes allein ist nutzlos, aber an der Frucht teilzuhaben ist von Nutzen. Süße Früchte müssen genossen werden, gleichgültig, auf welchem Baume sie wachsen und wo man sie finden mag. Das Wort der Wahrheit muß gutgeheißen werden, gleichgültig, welche Zunge es ausspricht. Unbedingte Wahrheiten müssen angenommen werden, gleichgültig, in welchem Buche sie aufgezeichnet sein mögen. Wenn wir ein Vorurteil hegen, wird dies die Ursache von Verlust und Unwissenheit sein. Der Streit zwischen Religionen, Nationen und Rassen entsteht durch Mißverständnisse. Wenn wir die Religionen durchforschen, um die ihnen zugrundeliegenden Prinzipien zu entdecken, so werden wir sie in Übereinstimmung finden, denn ihre grundlegende Wirklichkeit ist eine und nicht vielerlei. Dadurch werden die religiösen Menschen dieser Welt zu dem Punkte der Einheit und Versöhnung gelangen. *[87]*

Der Zweck der Religion: Frieden

Seit den Tagen Adams haben sich die göttlichen Manifestationen bemüht, die Menschen zu einen, auf daß alle wie eine Seele angesehen werden. Aufgabe und Absicht eines Hirten ist, seine Herde zu sammeln, und nicht, sie zu zerstreuen. Die Propheten Gottes waren göttliche Hirten der Menschheit. Sie haben ein Band der Liebe und Einheit unter den Menschen gewirkt, zerstreute Völker zu einer Nation und wandernde Stämme zu einem mächtigen Königreich gemacht. Sie haben die Grundlage göttlicher Einheit gelegt und alle zum Weltfrieden gerufen. All diese heiligen, göttlichen Manifestationen sind eine Einheit. Sie haben einem Gott gedient, dieselbe Wahrheit verkündet, dieselben Institutionen begründet und dasselbe Licht widergestrahlt. Sie kamen nacheinander und sie bezogen sich aufeinander ... Sie riefen die Menschen zur Liebe und machten die Menschenwelt zu einem Spiegel des Wortes Gottes. Daher haben die göttlichen Religionen, die sie begründeten, dieselbe Grundlage. *[88]*

Und wieder wird klar, daß der Zweck der Religion Friede und Einklang sind. Muhammad trat gleichfalls zu einer Zeit auf, als die Völker und Stämme Arabiens uneins waren und miteinander in Fehde lagen. Sie töteten sich gegenseitig, plünderten und schleppten Frauen und Kinder in die Sklaverei. Seine Heiligkeit Muhammad einigte diese wilden Stämme; Er baute eine Grundlage des Gemeinschaftsgeistes zwischen ihnen auf, so daß sie vollkommen davon abließen, sich gegenseitig zu befehden, und Gemeinwesen gründeten ... Sie errichteten einen unabhängigen Staat, der zu einer hohen Kulturstufe aufstieg. Sie machten Fortschritte in Kunst und Wissenschaft ... Somit ist noch einmal erwiesen, daß die Religion Gottes dazu bestimmt ist, Fortschritt und Zusammengehörigkeit zu stiften, nicht aber Feindschaft und Zerfall. Wenn sie die Ursache von Haß und Streit wird, wäre es besser, sie wäre nicht da. Ihr Zweck ist die Einheit und ihre Grundlagen sind eins und unteilbar. *[89]*

Unser Ziel ist zu zeigen, wie wahre Religion Kultur und Würde, Wohlstand und Ansehen, Bildung und Fortschritt eines vormals elenden, unwissenden und versklavten Volkes fördert, und wie der Gottesglauben, wenn er törichten, fanatischen Religionsführern in die Hände gerät, auf schlimme Art mißbraucht wird, bis sich sein herrlicher Glanz in schwarzes Dunkel verwandelt. *[90]*

Menschliche Enge — kein Maßstab für Wahrheit

Die Religion sollte alle Herzen vereinen und Krieg und Streitigkeiten auf der Erde vergehen lassen, Geistigkeit hervorrufen und jedem Herzen Licht und Leben bringen. Wenn die Religion zur Ursache von Abneigung, Haß und Spaltung wird, so wäre es besser, ohne sie zu sein, und sich von einer solchen Religion zurückzuziehen, wäre ein wahrhaft religiöser Schritt. Denn es ist klar, daß der Zweck des Heilmittels die Heilung ist, wenn aber das Heilmittel die Beschwerden nur verschlimmert, so sollte man es lieber lassen. Jede Religion, die nicht zu Liebe und Einigkeit führt, ist keine Religion. *[91]*

Die Gelehrten der Religion wurden eingesetzt, damit sie den Völkern geistige Heilung bringen und zur Ursache der Einigkeit unter den Nationen werden. Wenn sie zur Ursache der Trennung werden, so wäre es besser, es gäbe keine. *[92]*

Christus verbot den Krieg. Als Sein Jünger Petrus, in der Absicht, Seinen Herrn zu verteidigen, das Ohr des Hohenpriesterknechtes abschlug, sagte Christus zu ihm: »Stecke dein Schwert ein«. Und doch streiten die Menschen, trotz des audrücklichen Befehls des Herrn, zu Dessen Dienst sie sich bekennen, immer noch. Sie führen Krieg und töten einander, und Seine Ratschläge und Lehren scheinen ganz vergessen. Doch ihr dürft nicht etwa die Meister und Propheten für die Übeltaten ihrer Anhänger belasten. Wenn die Priester, Lehrer und Menschen ein Leben führen, das im Gegensatz zur Religion steht, die sie angeblich befolgen — ist das wohl ein Mangel Christi oder der übrigen Lehrer? *[93]*

Es gibt tatsächlich Toren, die die Grundwahrheiten der göttlichen Religionen niemals richtig prüfen, vielmehr das Verhalten einiger weniger Heuchler zum Maßstab nehmen und alle gläubigen Menschen mit diesem Zollstock messen. So kommen sie zu der Auffassung, die Religionen seien ein Hindernis für den Fortschritt, eine Ursache der Teilung, der Böswilligkeit und der Feindschaft zwischen den Menschen. Sie haben nicht einmal bemerkt, daß die Grundsätze der göttlichen Religionen nicht nach den Taten derjenigen gewertet werden können, die nur vorgeben, sie zu befolgen. Alles Erhabene, so unvergleichlich es sein mag, kann zu bösen Zwecken mißbraucht werden. Eine brennende Lampe in der Hand eines unwissenden Kindes oder eines Blinden wird nicht das Dunkel zerstreuen und das Haus erhellen, sondern den Träger wie das Haus in Flammen setzen. Können wir da der Lampe die Schuld geben? Nein, bei Gott dem Herrn! Dem Sehenden ist die Lampe eine Führung und zeigt ihm den Weg, aber dem Blinden bringt sie Verderben. *[94]*

Ich hoffe, daß die Strahlen der Sonne der Wirklichkeit die ganze Welt erleuchten werden, so daß Streit und Krieg, Schlachten und Blutvergießen völlig verschwinden. Mögen Fanatismus und Bigotterie in Vergessenheit geraten, möge die ganze Menschheit vom Band der Brüderlichkeit umschlungen werden, mögen die Seelen in vollkommener Eintracht zueinander finden, mögen endlich die Völker der Erde das Banner der Aufrichtigkeit hissen und die Religionen der Welt eintreten in den göttlichen Tempel der Einheit; denn die Grundlage der himmlischen Religionen ist eine und dieselbe Wahrheit. *[95]*

2.3. Der Friede der Menschheit

Das Meer der Einheit der Menschheit wogt vor Freude,
denn die Herzen und Gedanken der Menschen kommen
tatsächlich in Verbindung miteinander ... Es ist die Stunde
der Einheit für die Söhne der Menschen, die Stunde, in der
alle Rassen und alle Klassen zueinanderfinden. *[96]*

Das Licht der Einheit der Menschheit hat begonnen, die
Welt zu erleuchten, und bald wird das Banner ... der Übereinstimmung der Völker hoch am Himmel flattern. *[97]*

Die Voraussetzungen sind gegeben

Alle Glieder der Menschheitsfamilie, ob Völker oder Regierungen, Städte oder Dörfer, sind immer mehr voneinander
abhängig geworden. Selbstgenügsamkeit ist für niemanden
mehr möglich, da politische Bindungen alle Völker und
Nationen vereinigen, und die Beziehungen durch Handel
und Industrie, Landwirtschaft und Erziehungswesen täglich
fester wreden. Folglich kann die Einheit aller Menschen an
diesem Tage erreicht werden. Das ist wahrlich nichts anderes als eines der Wunder dieses wundervollen Zeitalters.
Davon waren frühere Zeitalter ausgeschlossen, während
dieses Jahrhundert — das Jahrhundert des Lichts — mit
einzigartiger und beispielloser Herrlichkeit, Kraft und Erleuchtung beschenkt wurde. So entfaltet sich auf wunderbare Weise jeden Tag ein neues Wunder; am Ende wird

man sehen, wie strahlend sein Licht der Menschheit leuchtet. *[98]*

Der menschliche Geist hat sich entwickelt, seine Wahrnehmungen sind klar und scharf geworden, Wissenschaften und Künste sind weit verbreitet, und die Voraussetzung für die Verkündung und Verbreitung der wirklichen, höchsten Einheit der Menschheit, die zu wundervollen Ergebnissen führen wird, ist gegeben. *[99]*

Liebe kennt keine Grenzen

Liebe ist ohne Grenzen, Schranken und Ende. Materielle Dinge sind begrenzt, beschränkt und endlich. Mit begrenzten Mitteln könnt ihr unendliche Liebe nicht angemessen zum Ausdruck bringen. Die vollkommene Liebe braucht ein selbstloses Werkzeug, das von jeder Art von Fessel völlig frei ist.
Die Liebe zur Familie ist begrenzt, das Band der Blutsverwandtschaft nicht das stärkste. Oft sind Mitglieder der gleichen Familie uneins, ja, hassen sie einander. Vaterlandsliebe ist endlich. Liebe zum eigenen Lande, die zum Haß gegen alle übrigen führt, ist keine vollkommene Liebe. Auch Landsleute sind nicht frei von Streitigkeiten. Die Liebe zur Rasse ist begrenzt. Wohl herrscht hier eine gewisse Einheit, doch sie genügt nicht. Liebe darf keine Grenzen haben. Liebe zur eigenen Rasse kann gleichzeitig Haß gegen alle anderen bedeuten, und selbst Menschen der gleichen Rasse werden einander oft nicht lieben. Politische Liebe ist gleichfalls stark mit Haß gegen andere Parteien ver-

bunden. Derartige Liebe ist sehr begrenzt und schwankend. Die aus gleichgerichteten Interessen fließende Liebe ist unbeständig. Vielfach ergeben sich dabei Abgrenzungen, die Eifersucht hervorrufen, und schließlich verdrängt der Haß die Liebe ... Die große selbstlose Liebe zur Menschheit ist durch keine dieser unvollkommenen, halb selbstsüchtigen Bindungen gefesselt. Sie ist die einzige vollkommene Liebe, die allen Menschen möglich und nur durch die Macht des göttlichen Geistes zu erreichen ist. Keine weltliche Macht kann die allumfassende Liebe je zustande bringen. Laßt alle in dieser göttlichen Macht der Liebe eins sein! Laßt alle danach streben, daß sie im Lichte der Sonne der Wahrheit wachsen und diese strahlende Liebe auf alle Menschen widerspiegeln, damit ihre Herzen geeinigt werden und sie immerdar im Glanze dieser grenzenlosen Liebe bleiben. *[100]*

Ein weiteres Mittel scheinbarer Einheit ist die Bindung durch politische Allianzen, in denen sich Regierungen und Herrscher aus Gründen wechselseitiger Beziehungen und gegenseitigen Schutzes zusammenschließen; solche Pakte und Vereinigungen sind jedoch späteren Veränderungen unterworfen; oft entsteht grimmiger Haß bis zum Äußersten, bis zu Krieg und Blutvergießen. Offensichtlich ist politische Einheit nicht ständig wirksam. Die Quelle vollkommener Einheit und Liebe in der Welt des Seins ist die Bindung und Einheit, die von der Wirklichkeit ausgeht. Wenn die göttliche, die grundlegende Wirklichkeit in das Herz und das Leben der Menschen einzieht, bewahrt und schützt sie alle Zustände und Verhältnisse der Menschheit ... Solange dieser Geist nicht wirksam wird, solange er nicht unmittelbar und wechselseitig die Herzen und Seelen durch-

dringt ... kann der Gesellschaftskörper unmöglich von Sicherheit und Vertrauen erfüllt sein. *[101]*

Die Einheit, die unbegrenzte Erfolge hervorbringt, ist in erster Linie eine Einheit der Menschheit ... Dies ist die größte Einheit, und ihre Ergebnisse sind von Dauer, wenn die Menschheit daran festhält. Aber bis jetzt hat die Menschheit diese Einheit gebrochen und ist an sektiererischen oder sonstwie begrenzten Einheiten, wie denen der Rasse, des Vaterlandes oder des Eigennutzes hängengeblieben. *[102]*

Von der Schönheit eines Gartens

Seht einen schönen Garten voll Blumen, Büschen und Bäumen an. Jegliche Blume hat einen anderen Reiz, eine besondere Schönheit, ihren eigenen köstlichen Duft und ihre eigene schöne Farbe. Und auch die Bäume: wie abwechslungsreich sind sie in der Größe, im Wachstum und im Laubwerk, und welche Verschiedenheit an Früchten bringen sie hervor! Trotzdem entspringen alle diese Blumen, Büsche und Bäume dem gleichen Boden, die gleiche Sonne scheint über sie, und die gleichen Wolken geben ihnen Regen. So ist es auch mit der Menschheit. Sie wird aus vielen Rassen gebildet, und ihre Völker sind verschiedener Farbe, weiß, schwarz, gelb, braun oder rot, doch alle kommen sie vom gleichen Gott, und alle sind sie seine Diener. Diese Mannigfaltigkeit innerhalb der Menschenkinder hat unglücklicherweise nicht die gleiche Wirkung wie innerhalb der pflanzlichen Schöpfung, bei welcher der zutage tretende Geist harmonischer ist. Unter den Menschen besteht die

Mannigfaltigkeit der Feindschaft, und sie ist es, die Krieg und Haß unter den verschiedenen Nationen der Welt hervorruft. Verschiedenheiten, die nur solche des Blutes sind, lassen sie auch einander vernichten und töten. Ach, daß dies noch immer sein muß! Laßt uns lieber auf die Schönheit in der Mannigfaltigkeit, die Schönheit des Zusammenklanges schauen und vom Pflanzenreich lernen ... Die Mannigfaltigkeit innerhalb der menschlichen Familie müßte die Ursache der Liebe und des Zusammenklangs sein, wie in der Musik, bei der verschiedene Noten in einem vollkommenen Akkord ineinander wirken. Wenn ihr mit Menschen anderer Rasse und Farbe als der eurigen zusammenkommt, so seid nicht mißtrauisch gegen sie und zieht euch nicht in das Schneckenhaus herkömmlicher Förmlichkeit zurück, sondern seid froh und erzeigt ihnen Güte. Denkt an sie wie an verschiedenfarbige Rosen, die im schönen Garten der Menschheit wachsen, und freut euch, daß ihr unter ihnen seid. *[103]*

Die Menschheit läßt sich mit einem Baum vergleichen. Dieser Baum hat Zweige, Blätter, Knospen und Früchte. Denkt von allen Menschen, als wären sie Blüten, Blätter oder Knospen dieses Baumes, und versucht, allen und jedem zu helfen, auf daß sie Gottes Segnungen erkennen und sich ihrer erfreuen. Gott vernachlässigt keinen: Er liebt alle. Der einzige Unterschied zwischen den Menschen ist, daß sie sich auf verschiedenen Entwicklungsstufen befinden ... Doch sie alle sind Gottes Kinder. Liebet sie alle von ganzem Herzen. Keiner ist für den anderen ein Fremder, alle sind Freunde ... Lasset uns mit Herz und Seele danach streben, daß Einigkeit in der Welt wohne, daß alle Völker zu einem Volk und das ganze Erdenrund wie ein Land werde,

denn die Sonne der Wahrheit scheint gleicherweise auf alle.
[104]

Sollte jemand einwerfen, es sei unmöglich, daß eine ideale
Einheit geschaffen und eine völlige Einigung unter den
Menschen verwirklicht werden könne, da die Gemeinschaften und Nationen, die Rassen und Völker dieser Welt in
Formen, Gebräuchen, Geschmack, Temperament und Mo-
ral verschieden seien und unterschiedliche Gedanken, Ansichten und Meinungen hätten, so sagen wir, daß diese Verschiedenheiten von zweierlei Art sind. Die eine führt zur
Zerstörung, und ihre Art ist die Verschiedenheit kriegfüh-
render Völker und miteinander streitender Nationen, die
sich gegenseitig zerstören, ihre Familien ausrotten, sich aller Ruhe und allen Wohlergehens berauben und in Blutvergießen und Roheit versinken. Dies ist tadelnswert. Die andere Art Verschiedenheit besteht in Mannigfaltigkeit. Sie
ist Vollkommenheit an sich und die Ursache des Erschei-
nens der göttlichen Gnade. Denkt an die Blumen eines Ro-
sengartens. Obgleich sie verschiedener Art, Farbe, Form
und Erscheinung sind, trinken sie doch dasselbe Wasser,
werden vom gleichen Windhauch berührt und wachsen
durch die Wärme und das Licht derselben Sonne; doch diese Verschiedenheit und dieser Unterschied lassen ein jeder
die Schönheit und Herrlichkeit der anderen deutlicher her-
vortreten. Der Unterschied in den Sitten, Gebräuchen und
Gewohnheiten, Gedanken, Ansichten und Temperamen-
ten ist die Ursache des Schmuckes der Menschenwelt. Dies
ist lobenswert. So sind diese Verschiedenheit und Mannigfaltigkeit gleich der Verschiedenheit und Mannigfaltigkeit
der Teile und Glieder des menschlichen Körpers die Ursache für das Erscheinen der Schönheit und Vollkommenheit.

Da diese verschiedenen Teile und Glieder unter der Kontrolle des sie beherrschenden Geistes stehen und der Geist alle Organe und Glieder durchdringt und über alle Arterien und Venen Gewalt hat, so stärken diese Verschiedenheit und dieser Wechsel Liebe und Harmonie, und diese Vielheit ist die größte Hilfe für die Einheit. Wenn in einem Garten die Blumen und duftenden Kräuter, die Blüten und Früchte, die Blätter, Zweige und Bäume alle von *einer* Art, *einer* Form, *einer* Farbe und *einer* Anordnung wären, so gäbe es keine Schönheit oder Lieblichkeit, wenn aber Mannigfaltigkeit in der Welt der Einheit herrscht, werden alle in vollkommener Herrlichkeit, Schönheit, Erhabenheit und Vollendung erscheinen und sich entfalten. *[105]*

Die ganze Welt muß als ein einziges Land betrachtet werden, alle Völker als *ein* Volk und alle Menschen als Angehörige *einer* Rasse. Religionen, Rassen und Nationen sind alle nur Trennungen, die der Mensch gemacht hat, und nur in seinem Denken nötig. Vor Gott gibt es weder Perser, noch Araber, Franzosen oder Engländer, denn Gott ist ihrer aller Gott, und für Ihn gibt es nur *eine* Schöpfung. Wir müssen Gott gehorchen und danach streben, Ihm zu folgen, indem wir alle unsere Vorurteile hinwegtun und der Erde Frieden bringen. *[106]*

Fürwahr, das stärkste der Mittel, die den Ruhm und den Fortschritt des Menschen bewirken, die höchste Wirkkraft für die Aufklärung und Erlösung der Welt sind Liebe, Freundschaft und Einheit zwischen allen Gliedern des Menschengeschlechts. Nichts in der Welt ist durchführbar, ja nicht einmal denkbar, ohne Einheit und Einklang. *[107]*

Bisher hat die Menschheit diese Einheit geschändet und an sektiererischen oder begrenzten Einheiten gehangen, die rassische, patriotische oder eigensüchtige Vorteile verfolgen. Darum sind auch keine großen Erfolge daraus entsprungen. *[108]*

Frieden: Durch Einheit möglich

Wir gehören doch einer Rasse, einer Menschheitsfamilie an; warum sollten wir da alle anderen als böse und minderwertig, als todeswütig, als Freiwild für Plünderungen und Angriffe, als Volk der Finsternis, vor Gott verhaßt und verabscheut, betrachten? Warum tritt der Mensch seinem Mitmenschen mit derartigen Einstellungen und Handlungen entgegen? *[109]*

Mögen in dem Juwelenkranz der Menschenrassen die Farbigen wie Saphire und Rubine, die Weißen wie Diamanten und Perlen sein. In ihrer Einheit und ihrer harmonischen Verbindung wird die herrliche Komposition der Menschheit offenbar werden. *[110]*

Ist Einheit zwischen Farbigen und Weißen erreicht, so ist dies ein Garant des Weltfriedens. *[111]*

Sagt nicht, daß jemand Italiener, Franzose oder Engländer ist, denkt nur daran, daß er ein Sohn Gottes, ein Diener des Allerhöchsten ist, ein Mensch! Alle sind *Menschen!* Vergeßt die Landeszugehörigkeit — alle sind gleich im Angesicht Gottes. *[112]*

Warum sollten wir überhaupt Ausländer als Fremde behandeln? ... Begnügt euch nicht damit, durch Worte Freundschaft zu erzeigen, laßt eure Herzen in liebevoller Freundlichkeit für alle erglühen, die eure Wege kreuzen. *[113]*

Die Melodie der Einheit und der Solidarität der Menschenwelt muß in Ost und West jedes Ohr erreichen. *[114]*

Der Osten und der Westen werden einander verstehen und sich schätzen, sie werden sich umarmen wie Liebende, die sich nach langer Trennung gefunden haben. *[115]*

Wenn die Einheit der Menschenwelt fest begründet würde, wären alle Streitigkeiten, die die Menschheit entzweien, ausgerottet. Kampf und Krieg würden aufhören, und die Menschheit würde Ruhe finden. Allumfassender Friede würde sich ausbreiten, Ost und West schlössen sich in einem starken Verband zusammen. Alle Menschen fänden Schutz unter *einem* Tabernakel. Die Vaterländer würden zu *einer* Heimat, die Rassen und Religionen würden vereint. Die Weltbevölkerung würde in Eintracht zusammenleben; ihre Wohlfahrt wäre gesichert. *[116]*

*Wenn ihr von ganzem Herzen Freundschaft mit
alten Rassen auf Erden wünscht, so werden sich eure
Gedanken geistig und aufbauend verbreiten, sie
werden zum Wunsche anderer werden, wachsen und
wachsen, bis sie alle Menschen erreichen. [117]*

3. Die Kunst des Friedens

3.1. Gut und Böse

Die intelligiblen Wirklichkeiten, wie alle Eigenschaften
und bewunderungswürdigen Vollkommenheiten des Menschen, sind ausschließlich gut und bestehen. Das Böse ist
einfach ihr Nichtvorhandensein. So ist Unwissenheit das
Fehlen von Wissen, Irrtum ist das Fehlen der Rechtleitung,
Vergeßlichkeit das Fehlen des Gedächtnisses und Dumm-
heit das Fehlen von Vernunft. Dies alles hat keine wirkliche
Existenz. Gleicherweise sind die sinnlich wahrnehmbaren
Wirklichkeiten ausschließlich gut, und das Böse ist auf ihr
Nichtvorhandensein zurückzuführen, das heißt, Blindheit
ist das Fehlen des Sehvermögens, Taubheit ist das Fehlen
des Gehörs, Armut das Fehlen des Reichtums, Krankheit
das Fehlen der Gesundheit, Tod das Fehlen des Lebens,
und Schwäche ist das Fehlen der Stärke. Doch kommt uns
ein Zweifel in den Sinn: Skorpione und Schlangen sind gif-
tig. Sind sie gut oder böse? ... Es ist möglich, daß etwas in
Beziehung zu etwas anderem böse und gleichzeitig, innerhalb der Grenzen des ihm eigenen Wesens, nicht böse ist
... Dunkelheit ist das Nichtvorhandensein von Licht: Wenn
kein Licht da ist, herrscht Finsternis. Licht ist etwas, was
wirklich da ist, aber Dunkelheit existiert nicht ... So ist es

offenkundig, daß sich alles Böse auf Nichtsein zurückführen läßt. *[118]*

Es schickt sich nicht, daß ein Mensch den anderen als böse betrachtet. Nein! Alle Menschen sind die Diener *eines* Gottes; Gott ist der Vater aller, und es gibt keinerlei Ausnahme von diesem Gesetz. Es gibt kein Volk des Teufels; alle gehören dem Allbarmherzigen zu. Es gibt keine Finsternis; alles ist hell. Alle sind die Diener Gottes, und der Mensch muß die Menschheit aus ganzem Herzen lieben. Wahrlich, er muß erkennen, wie die Menschheit von der göttlichen Gnade überflutet ist. *[119]*

Die Quelle der Entwicklung

Man darf in jedem menschlichen Wesen nur das sehen, was des Lobes würdig ist. Wenn man so handelt, kann man der ganzen Menschheit Freund sein. Betrachten wir die Menschen jedoch vom Standpunkt ihrer Fehler aus, dann ist es eine äußerst schwierige Aufgabe, mit ihnen Freundschaft zu pflegen. Es geschah eines Tages zur Zeit Christi — möge das Leben der ganzen Welt ein Opfer für Ihn sein — daß Er an einem toten Hund vorbeikam, einem übelriechenden Kadaver, widerlich anzusehen, mit faulen Gliedern. Einer Seiner Begleiter sagte: »Wie faul ist sein Gestank!« Ein anderer meinte: »Wie ekelerregend, wie abscheulich!« Kurzum, jeder hatte etwas hinzuzufügen. Aber dann sprach Christus selbst zu ihnen: »Sehet die Zähne des Hundes an! Wie strahlend weiß sie sind!« Der sündenbedeckende Blick des Messias verweilte keinen Augenblick lang auf dem Widerwärtigen des Aases. Der einzige Teil des Kadavers, der keinen Abscheu erregte, waren seine Zähne, und Jesus schaute auf ihren Glanz. So sollten wir, wenn wir unseren Blick auf andere Menschen richten, das sehen, worin sie sich auszeichnen, und nicht das, worin sie versagen. *[120]*

Seid völlig einig. Erzürnt euch niemals übereinander. Haltet eure Augen auf das Königreich der Wahrheit und nicht auf die Welt der Schöpfung gerichtet. Liebt die Geschöpfe Gottes um Gottes und nicht um ihrer selbst willen ... Die Menschheit ist nicht vollkommen. Jeder Mensch hat Unvollkommenheiten, und ihr werdet immer unglücklich werden, wenn ihr auf die Menschen selbst schaut. Aber wenn ihr zu Gott aufschaut, dann werdet ihr sie lieben und freundlich zu ihnen sein, denn die Welt Gottes ist die Welt der Vollkommenheit und vollendeter Gnade. Schaut deshalb nicht auf jemandes Fehler; schaut mit dem Auge der Vergebung. Das unvollkommene Auge erkennt Unvollkommenheiten. Das Auge, das die Fehler bedeckt, schaut auf den Schöpfer der Seelen. Er hat sie erschaffen, Er erzieht sie und sorgt für sie, verleiht ihnen Fähigkeiten und Leben, Gesicht und Gehör; daher sind sie die Zeichen Seiner Größe. *[121]*

Wir müssen einander allezeit loben. Wir müssen von allen Menschen mit Anerkennung sprechen und dadurch den Unfrieden und Haß beseitigen, die die Menschen einander entfremdet haben. *[122]*

Der Mensch darf nicht auf die Unterschiede der Rasse oder Nationen schauen; er darf nicht der Verschiedenheit der Bekenntnisse achten und auch nicht die verschiedenen Denkebenen in Betracht ziehen — nein! Er muß vielmehr alle als die eine Menschheit ansehen und erkennen, daß alle zur Einheit und Eintracht geführt werden müssen. Er muß sie alle als *eine* Familie, *eine* Rasse, *einen* Stamm erkennen, alle als die Diener des *einen* Gottes sehen, die unter dem Schutz Seiner Gnade wohnen. *[123]*

Die Weisheit des Erziehers

Auch wenn wir einen Zweig oder ein Blatt an diesem Baum der Menschheit fehlerhaft oder eine Blüte unvollkommen finden, so gehören sie dennoch zu diesem Baum und zu keinem anderen. Daher ist es unsere Pflicht, diesen Baum zu schützen und zu hegen, bis er Vollkommenheit erreicht. Wenn wir seine Frucht prüfen und sie unvollkommen finden, müssen wir uns bemühen, sie zu vervollkommnen. Es gibt in der Menschenwelt unwissende Seelen; wir müssen ihnen Wissen geben. Einige von diesem Baum sind schwach und krank; wir müssen ihnen helfen, sich zu erholen und gesund zu werden. Wenn sie in ihrer Entwicklung noch wie Kinder sind, müssen wir sie leiten, bis sie die Reife erlangen. Wir sollten sie niemals verdammen oder als unwürdig verabscheuen oder sie meiden. Wir müssen ihnen Ehre, Achtung und Freundlichkeit erweisen ... Gott der Schöpfer hat sie mit körperlichen, geistigen und seelischen Eigenschaften versehen, damit sie danach streben, Seinen Willen zu erkennen und zu befolgen ... Kurz gesagt, wir müssen auf die ganze Menschheit mit Liebe, Freundlichkeit und Achtung schauen, denn was wir sehen, sind die Zeichen und Spuren Gottes Selbst, nichts anderes. Alles sind Beweise Gottes. Welches Recht haben wir dann, sie herabzusetzen und zu erniedrigen, sie zu verfluchen und sie daran zu hindern, Seiner Gnade nahezukommen. Das ist Unwissenheit und Ungerechtigkeit, die Gott mißfällt, denn in Seinen Augen sind alle Seine Diener. *[124]*

Unter den Menschenkindern leiden manche durch Unwissenheit. Laßt uns eilen, sie zu belehren. Andere sind wie Kinder, die Betreuung und Erziehung brauchen, bis sie erwachsen sind, und einige sind krank — für sie müssen wir göttliche Heilung bringen. Mögen sie gleich unwissend, kindlich oder krank sein, so müssen wir sie doch lieben und ihnen helfen, und nicht etwa wegen ihrer Unvollkommenheit Abneigung gegen sie hegen. *[125]*

Den Kranken darf man nicht hassen, weil er krank ist; das Kind darf man nicht meiden, weil es ein Kind ist; den Unwissenden darf man nicht verachten, weil ihm Wissen fehlt. Sie müssen alle in Liebe behandelt, erzogen, ausgebildet und unterstützt werden. Alles muß getan werden, damit die Menschheit in völliger Sicherheit unter dem Schatten Gottes lebe und sich des höchsten Glücks erfreue. *[126]*

Jeder einzelne sollte sich bemühen, dem anderen beim gemeinsamen Voranschreiten zu helfen und ihn zu fördern. Dies ist nur möglich, wenn Bemühung und Zuneigung zusammenwirken. Liebe und Einheit werden zwischen euch aufkeimen, und dadurch wird die Einheit der Menschheit zustande gebracht. *[127]*

3.2. Die Tugenden des Friedens

Im Charakter und Verhalten des Menschen zählt zuerst die Reinheit, dann die Frische und Selbständigkeit des Denkens. Das Flußbett muß zuerst gereinigt werden, dann mag das frische Wasser hineinfließen. *[128]*

Das Gleichnis vom Samenkorn
und seine Deutungen

Wenn wir ein Samenkorn in den Boden pflanzen, wird ein Baum aus diesem Samen offenbar werden. Der Samen opfert sich dem Baum, der aus ihm hervorgeht. Äußerlich ist der Samen verloren und zerstört, aber derselbe Samen, der sich opfert, wird in dem Baum, seinen Blüten, Früchten und Zweigen, aufgenommen und verkörpert. Würde der Samen in seiner Nämlichkeit dem Baume, der aus ihm offenbar wird, nicht geopfert, kämen die Zweige, Blüten oder Früchte nicht ans Licht ... Wenn wir auf den Baum schauen, werden wir erkennen, daß die Vollkommenheiten, Segnungen, Eigenheiten und Schönheiten des Samens in den Ästen, Zweigen, Blüten und Früchten offenbar geworden sind; folglich hat sich der Samen dem Baum geopfert. Hätte er es nicht getan, wäre der Baum nie entstanden. *[129]*

Schaut nicht auf eure eigenen Fähigkeiten, denn der göttliche Segensfluß kann einen Tropfen in einen Ozean verwandeln, er kann aus einem winzigen Samen einen mächtigen Baum werden lassen. *[130]*

Hebt eure Herzen über die Gegenwart hinaus und blickt mit gläubigen Augen in die Zukunft. Jetzt ist die Zeit der Saat, der Same fällt zu Boden, aber siehe, der Tag wird kommen, da aus ihm ein herrlicher Baum ersteht, und seine Zweige werden reiche Früchte tragen. Jubelt und seid froh, daß dieser Tag heraufstieg. Trachtet, seine Macht zu erkennen, denn er ist wahrhaft wunderbar. Gott hat euch eine Krone aufs Haupt gesetzt und einen strahlenden Stern ins Herz gegeben. Wahrlich, ihr Leuchten wird die ganze Welt erhellen! *[131]*

Wir müssen den hochgesinnten, festen Entschluß fassen, uns zu erheben und alle jene Werkzeuge in den Griff zu bekommen, die Frieden, Wohlstand und Glück, Erkenntnis, Kultur und Gewerbefleiß, Würde, Wert und Stufe der gesamten Menschheit vorantreiben. Durch die belebenden Wasser reiner Absicht und selbstlosen Bemühens wird der Boden menschlicher Anlagen vom Blütenmeer seiner eigenen bislang verborgenen Vortrefflichkeiten übersät, er wird rühmenswerte Eigenschaften hervorbringen, blühen und Frucht tragen. *[132]*

Gibt es eine größere Gnade als die, daß ein Mensch, wenn er in sich geht, feststellen darf, daß er, durch göttliche Gunst bestätigt, Frieden und Wohlfahrt, Glück und Nutzen unter seinen Mitmenschen bewirkte? *[133]*

Wenn ihr von ganzem Herzen Freundschaft mit allen Rassen auf Erden wünscht, so werden sich eure Gedanken geistig und aufbauend verbreiten, sie werden zum Wunsche anderer werden, wachsen und wachsen, bis sie alle Menschen erreichen. Verzweifelt nicht! Wirkt ständig! Aufrich-

tigkeit und Liebe werden den Haß besiegen. Wieviel ereig-
net sich in diesen Tagen, das unmöglich schien! Wendet
beständig euren Blick dem Licht der Welt zu! *[134]*

Gedanken des Friedens sind stärker

Ich heiße euch alle und jeden von euch, alles, was ihr im
Herzen habt, auf Liebe und Einigkeit zu richten. Wenn ein
Kriegsgedanke kommt, so widersteht ihm mit einem stärkeren Gedanken des Friedens. Ein Haßgedanke muß durch
einen mächtigeren Gedanken der Liebe vernichtet werden.
Kriegsgedanken zerstören alle Eintracht, Wohlfahrt, Ruhe
und Freude. Gedanken der Liebe schaffen Kameradschaft-
lichkeit, Frieden, Freundschaft und Glückseligkeit. Wenn
Soldaten der Welt den Säbel ziehen, um zu töten, so schüt-
teln die Soldaten Gottes einander die Hände. So mag durch
die Gnade Gottes, die sich durch die reinen Herzen und
aufrichtigen Seelen auswirkt, alle menschliche Wildheit
schwinden. Haltet den Frieden der Welt nicht für ein uner-
reichbares Idealbild! *[135]*

Erhebt euch also in solcher Weise und mit solchen Tugen-
den, daß dem Körper dieser Welt eine lebendige Seele ge-
schenkt wird, und bringt dieses zarte Kind, die Menschheit, zur Stufe der Reife. Entzündet, wann immer ihr
könnt, bei jeder Begegnung eine Kerze der Liebe und er-
freut und ermutigt mitfühlend jedes Herz. Sorgt euch um
jeden Fremden wie um einen der euren und zeigt der fremden Seele die gleiche Liebe und Güte, die ihr euren treuen
Freunden schenkt. Sollte jemand mit euch Streit suchen,

trachtet danach, ihn zum Freunde zu gewinnen. Sollte euch jemand bis ins Innerste verletzen, seid ein heilender Balsam für seine Wunden. Sollte euch jemand verspotten und verhöhnen, begegnet ihm mit Liebe. Sollte jemand seine Schuld auf euch abwälzen, lobt ihn. Sollte er euch ein tödliches Gift anbieten, so gebt ihm dafür den besten Honig; und sollte er euer Leben bedrohen, so gewährt ihm eine Arznei, die ihn für immer heilen wird. Sollte er die Qual selbst sein, so seid ihr seine Medizin. Sollte er die Dornen sein, seid ihr seine Rosen und süßen Kräuter. Vielleicht werden solche Taten und Worte, die ihr hervorbringt, diese finstere Welt schließlich in Licht erstrahlen lassen. Dann wird diese staubige Erde himmlisch, dieser höllische Kerker zu einem Königspalast des Herrn — und Krieg und Hader verschwinden und werden nicht mehr sein. Liebe und Vertrauen werden ihre Zelte aufschlagen auf den Gipfeln der Welt. *[136]*

Seid der Waise ein liebevoller Vater, eine Zuflucht dem Hilflosen, ein Schatz dem Armen, dem Kranken Heilung. Seid jedem Opfer der Unterdrückung ein Helfer, ein Beschützer dem Beladenen. Denkt zu allen Zeiten daran, wie ihr jedem Glied der Menschheit einen Dienst erweisen könnt. Schenkt Abneigung und Zurückweisung, Geringschätzung, Feindseligkeit und Ungerechtigkeit keine Beachtung: tut das Gegenteil. *[137]*

Sei ein Zeichen der Liebe, eine Verkörperung der Barmherzigkeit, ein Brunnen der Güte … Ertrage jede Prüfung, die dir Menschen bereiten, und begegne ihnen nur mit Freundlichkeit, großer Liebe und gutem Willen. *[138]*

Bekämpfen sie euch, so seid ihr freundlich zu ihnen. Widersprechen sie euch, so bleibet ihr fest im Glauben. Verlassen und meiden sie euch, so gehet ihr zu ihnen und behandelt sie gütig ... Die Gleichgültigkeit und der Spott der Welt sind ohne alle Bedeutung, während euer Leben von größter Bedeutung ist. *[139]*

»*Werdet zur Ursache der Liebe unter den Völkern*«

Gebt euch nicht zufrieden, bis jeder, mit dem ihr zu tun habt, für euch wie einer aus eurer Familie ist. Seht jedermann als Vater oder Bruder, als Schwester oder Mutter oder als ein Kind an. Wenn ihr das erreichen könnt, dann werden eure Schwierigkeiten vergehen; ihr werdet dann wissen, was zu tun ist. *[140]*

Werdet die Ursache der Liebe unter den Völkern ... Macht Frieden mit aller Welt. Liebet einen jeden; dienet jedem. *[141]*

Eure Gedanken müssen erhaben, eure Ideale leuchtend und eure Neigungen geistig sein, auf daß eure Seelen zu Aufgangsorten der Sonne der Wirklichkeit werden. Laßt eure Herzen wie klare Spiegel sein, aus denen die Sterne des Himmels der Liebe und der Schönheit strahlen. Sprecht miteinander von hohem Streben ... Macht euer Heim zu einem Hafen der Ruhe und des Friedens. Seid gastfrei und haltet die Türe eures Hauses offen für Freunde und Fremde. Bewillkommnet alle Gäste mit strahlender Anmut und laßt jeden fühlen, daß er daheim ist ... Hegt unablässig den Baum eurer Verbindung mit Liebe und Zuneigung, damit

er durch alle Jahreszeiten hindurch sprossen und grünen und süßeste Früchte zur Heilung der Völker hervorbringen möge ... Baut euer Nest im belaubten Gezweig des Baumes der Liebe. Schwingt euch auf in die reine Luft der Liebe. Segelt auf dem unendlichen Meer der Liebe. Wandelt im ewigen Rosengarten der Liebe. Badet im schimmernden Sonnenglanz der Liebe. Seid fest und standhaft auf dem Pfad der Liebe. Atmet den Duft der Blumen der Liebe ein. Stimmt euer Ohr auf die seelenentzückenden Weisen der Liebe ab. Laßt euer Trachten reich wie das Festmahl der Liebe sein und eure Worte wie eine Kette weißer Perlen aus dem Meer der Liebe. Trinkt tief vom Wundertrank der Liebe, auf daß ihr fort und fort in der Wirklichkeit göttlicher Liebe lebet. *[142]*

Möge jeder von euch zur Quintessenz der Liebe werden ... denn die Menschheit leidet heute größten Mangel an Liebe und Übereinstimmung. Sollte die Welt so bleiben, wie sie heute ist, käme sie in schlimme Gefahr; wenn jedoch Versöhnung und Einheit festzustellen sind, wenn Sicherheit und Vertrauen fest begründet werden, wenn wir uns mit Herz und Seele Mühe geben, ... die Herzen der verschiedenen Bekenntnisse aneinanderbinden und die auseinanderstrebenden Völker vereinen — dann erlangt die Menschheit Frieden und innere Ruhe. *[143]*

Wie die Wolke des Frühlingsschauers müssen sie den schwarzen Boden umgestalten in einen Rosengarten und einen Obsthain. Sie müssen den Blinden sehend machen, den Tauben hörend, den Erloschenen entflammen und zum Glühen bringen und den Toten beleben. *[144]*

95

Weitere Attribute der Vollkommenheit sind Sanftmut, Geduld und Gelassenheit zu üben, aufrichtig, zugänglich, milde und mitleidvoll, entschlossen und mutig, zuverlässig und tatkräftig zu sein, zu ringen und zu streben, edelmütig, treu und ohne Hintergedanken zu sein, Eifer und Ehrgefühl an den Tag zu legen, hochgesinnt und großmütig zu sein und die Rechte anderer zu achten. *[145]*

Eine weitere Forderung des heiligen Textes, den wir hier besprechen, ist, »seinen Leidenschaften zu widerstehen«. Wunderbar sind die Folgerungen, die sich aus diesem scheinbar einfachen, doch umfassenden Wort ergeben. Es enthält die wirkliche Grundlage jeder menschlichen Tugend; in der Tat verkörpern diese wenigen Silben das Licht der Welt, den unumstößlichen Unterbau aller geistigen Attribute des Menschen. Es ist das Steigrad im Uhrwerk des guten Betragens, das Mittel, alle edlen Eigenschaften eines Menschen im Gleichgewicht zu halten. Leidenschaft ist eine Flamme, die schon ungezählte Male die Ernte des Lebens vieler Gebildeter in Asche verwandelt hat, ein allverzehrendes Feuer, das sich selbst mit dem Meer ihres aufgespeicherten Wissens nicht löschen ließ. Wie oft ist es schon geschehen, daß jemand mit allen Attributen des Menschentums gesegnet war, das Kleinod wahren Verstehens besaß, aber dennoch seinen Leidenschaften nachging, bis seine außergewöhnlichen Eigenschaften die Grenzen der Mäßigung überschritten. *[146]*

Es ist umfassendes Wissen, geistige Wahrnehmung, wissenschaftliche Entdeckungen, Gerechtigkeit, Unparteilichkeit, Wahrhaftigkeit, Güte, natürlicher Mut und angeborene Seelenstärke; Rücksicht und Einhaltung von Verträgen und

Bündnissen; Geradheit unter allen Umständen und Dienst an der Wahrheit in allen Lebenslagen; Aufopferung für das allgemeine Wohl und Güte und Achtung für alle Völker; Gehorsam gegenüber den göttlichen Lehren und Dienst im Reiche Gottes; Lenkung der Menschen und Erziehung der Nationen und Rassen. Dies ist das wahre Glück der Menschenwelt! Dies ist die Größe der Menschen in dieser Welt! Dies ist immerwährendes Leben und himmlische Ehre! *[147]*

Wie aus den bisherigen Ausführungen hervorgeht, bestehen Ruhm und Größe des Menschen nicht darin, daß er nach Blut dürstet und wie ein Tiger scharfe Klauen besitzt, daß er Städte zerstört und Verwüstung anrichtet, ganze Armeen und Scharen friedlicher Bürger abschlachtet. Dagegen würde es eine glänzende Zukunft für ihn bedeuten, wenn er für seine Gerechtigkeitsliebe bekannt wäre, allem Volk, ob hoch oder niedrig, Güte bezeigte, Länder und Städte, Dörfer und Provinzen aufbaute, das Leben erleichterte und für seine Mitmenschen glücklich und friedvoll gestaltete, wenn er die Grundsätze des Fortschritts niederlegte, den Lebensstandard und Wohlstand der ganzen Bevölkerung erhöhte. *[148]*

Das erste ist das Banner der Weisheit, das zweite dasjenige der Gerechtigkeit. Gegen diese beiden mächtigsten Streitkräfte können selbst Berge von Eisen nichts ausrichten, und die Mauer Alexanders bricht vor ihnen in Stücke. *[149]*

Gerechtigkeit und Unparteilichkeit … bedeutet, das Wohl der Gemeinschaft als das eigene zu empfinden. Kurz gesagt heißt dies, die ganze Menschheit als ein einziges Lebewe-

sen, sich selbst als ein Glied dieses großen Körpers zu erkennen und in der Gewißheit zu wirken, daß jede Not, jede
Wunde, die irgend einen Teil dieses Körpers trifft, unwei-
gerlich alle übrigen Glieder in Mitleidenschaft zieht. *[150]*

Eure Bestrebungen müssen erhaben sein. Müht euch mit
Herz und Seele, damit durch euer Wirken das Licht des
Weltfriedens leuchten kann und dieses Dunkel der Entfremdung und Feindschaft unter den Menschen vertrieben
werde, daß alle Menschen wie eine Familie werden und einander in liebender Güte begegnen ... Eure Pflicht ist, an-
ders zu sein, denn ihr wißt um die Geheimnisse Gottes.
Eure Augen sind erleuchtet, eure Ohren belebt von dem,
was sie vernommen haben. Daher blickt in größter Liebe
und Güte aufeinander und dann auf die Menschheit. Ihr
habt bei Gott keine Entschuldigung vorzubringen, wenn
ihr es versäumt, nach Seinen Geboten zu leben, denn euch
wurde gesagt, was Gott wohlgefällt. Seid daher gütig zu allen Menschen, behandelt selbst eure Feinde wie Freunde.
Seht in denen, die euch übelwollen, eure Wohltäter. Wer
abweisend gegen euch ist, den betrachtet, als wäre er ein
liebenswürdiger und sympathischer Mensch. So kann dieses
Dunkel des Zwists und Streits unter den Menschen verschwinden und das göttliche Licht hervorbrechen, auf daß
der Osten erleuchtet und der Westen von Duft erfüllt werde, nein, daß der Osten und der Westen einander in Liebe
umarmen und gemeinsam handeln, voll Sympathie und
Zuneigung. Bevor der Mensch nicht diese hohe Stufe erreicht, wird die Menschenwelt nicht zur Ruhe kommen und
ewiges Glück bleibt unerreichbar. Aber wenn der Mensch
nach diesen göttlichen Geboten lebt, wird diese irdische
Welt in eine himmlische Welt verwandelt und der Bereich

des Stofflichen wird in ein Paradies der Herrlichkeit umgestaltet werden. Ich hoffe, daß ihr Erfolg in dieser hohen Berufung habt, damit ihr wie strahlende Lampen die Menschenwelt erleuchtet und wie ein Lebenshauch diesen Leib des Daseins belebt und beflügelt. Dies ist ewiger Ruhm. Dies ist immerwährende Glückseligkeit. Dies ist unsterbliches Leben. Dies heißt »in den Himmel kommen«. Dies heißt, nach dem Ebenbild und Gleichnis Gottes erschaffen zu sein. Und hierzu rufe ich euch und bete zu Gott, daß Er euch Kraft und Segen gebe. *[151]*

Das Wort »Feinde« vergessen lernen

Wenn du einen Feind hast, sollst du ihn nicht als Feind betrachten. Sei nicht nur langmütig zu ihm, liebe ihn vielmehr! Du sollst ihn so behandeln, wie es sich für einen Liebenden geziemt. Sag nicht einmal, er sei dein Feind. Sieh überhaupt keine Feinde! Auch wenn er dein Mörder sein könnte, sieh keinen Feind in ihm. Schau auf ihn mit dem Auge der Freundschaft. Gib acht, daß du ihn nicht als Feind ansiehst und einfach hinnimmst; denn das wäre nur List und Heuchelei. Wenn du einen Menschen als deinen Feind betrachtest und ihn liebst, ist dies Heuchelei. Das steht keiner Seele an. Du mußt ihn als einen Freund betrachten, du mußt ihn gut behandeln. Das ist das Richtige. *[152]*

Niemanden sollten wir als unseren Feind betrachten noch jemandem etwas Böses wünschen, sondern in jedem Menschen den Freund sehen, den Fremden als Vertrauten, den

Unbekannten als Weggefährten betrachten, frei von Vorurteil und ohne Grenzen. *[153]*

Wir dürfen niemanden als böse, verabscheuungswürdig oder als Feind betrachten. Wir müssen alle lieben, ja müssen alle als Verwandte betrachten; denn alle sind die Diener des einen Gottes. Alle stehen unter der Anleitung des einen Erziehers. Tag und Nacht müssen wir uns dafür einsetzen, daß Liebe und Freundschaft zunehmen, daß dieses Band der Einheit gestärkt werde, daß Freude und Glückseligkeit mehr und mehr die Oberhand gewinnen, daß sich die ganze Menschheit in Einheit und Solidarität unter dem Schatten Gottes versammle. *[154]*

Strebt danach, daß alle Völker und Gemeinschaften der Welt, selbst die Feinde, Vertrauen, Zuversicht und Hoffnung in euch setzen, daß jemand, der sich hunderttausendfach irrt, euch dennoch sein Angesicht zuwendet in der Hoffnung, ihr werdet seine Sünden verzeihen; denn er darf nicht hoffnungslos werden, weder bekümmert noch verzagt. *[155]*

Alle Religionen lehren, daß wir einander lieben und unsere eigenen Fehler herausfinden sollten, bevor wir uns erkühnen, die Fehler anderer zu verdammen, und daß wir uns nicht über unseren Nächsten erheben dürfen. Wir müssen auf der Hut sein, uns nicht zu erhöhen, um nicht erniedrigt zu werden. Wer sind wir, daß wir richten sollten? Gottes Gedanken gleichen nicht unseren Gedanken. Wie viele Menschen, die den Freunden wie Heilige schienen, sind in die tiefste Erniedrigung gefallen ... Lasset uns niemals sagen: »Ich bin ein Gläubiger, der aber ist ein Ungläubiger.«

»Ich bin Gott nahe, der aber ist ausgestoßen.« Wir können niemals wissen, welches das endgültige Urteil sein wird. Darum lasset uns allen helfen, die irgendwie Beistand brauchen. *[156]*

Sobald einer sich für ein wenig besser, für ein wenig höher hält als die übrigen, befindet er sich in einer gefährlichen Lage, und solange er den Keim solch übler Gedanken nicht beseitigt, ist er kein taugliches Werkzeug für den Dienst. *[157]*

Angriff und Verteidigung

Wenn zwei Seelen über eine der göttlichen Fragen zanken und streiten, in Hader und Zwist, dann haben sie beide nicht recht. *[158]*

Hütet euch, daß ihr nicht irgend jemandes Gefühle verletzt, das Herz eines Menschen betrübt oder die Zunge dazu gebraucht, einen anderen zu tadeln oder zu beschuldigen ... Hütet, hütet euch, daß niemand von euch eine Seele schelte oder zurechtweise, auch wenn der Betreffende Böses wünscht und schlecht handelt. *[159]*

Wir sollten untereinander den Geist der Gerechtigkeit und des Wohlwollens zum Ausdruck bringen. Werden wir das tun, oder werden wir uns gegenseitig kritisieren und in den Bann tun, uns selbst loben und alle anderen verdammen? Was kann aus einer solchen Haltung und Handlungsweise überhaupt an Gutem kommen? Im Gegenteil, nichts als

Feindschaft und Haß, Ungerechtigkeit und Unmenschlichkeit kann daraus entspringen. Ist dies nicht in der Vergangenheit die Hauptursache von Blutvergießen, Jammer und Leid gewesen? *[160]*

Streite mit niemanden und hüte dich vor Wortstreit. *[161]*

Bemüht euch, die Seelen anzuziehen, nicht darum, das Denken in bestimmte Bahnen zu zwingen. *[162]*

Jeder Angreifer beraubt sich selber der Gnade Gottes ... Verkehrt darum, o meine liebenden Freunde, mit allen Völkern, Stämmen und Religionen der Welt in äußerster Wahrhaftigkeit, Aufrichtigkeit, Treue, Güte, Zuneigung und Freundlichkeit, auf daß ... Unwissenheit, Feindseligkeit, Haß und Groll aus der Welt verschwinden und die Finsternis der Entfremdung unter den Völkern und Stämmen der Welt dem Lichte der Einigkeit weichen möge. *[163]*

Krieg und Gewalt und die damit verbundenen Grausamkeiten sind Gott ein Greuel und tragen ihre Strafe in sich, denn der Gott der Liebe ist auch ein Gott der Gerechtigkeit, und jeder Mensch muß unvermeidlich ernten, was er gesät hat. *[164]*

Wenn 'Amrus Sohn den Sohn Zaids tötet, hat Zaid nicht das Recht, den Sohn 'Amrus zu töten; tut er es, ist dies Rache. Wenn 'Amru Zaid beleidigt, hat der letztere nicht das Recht, 'Amru zu beleidigen; tut er es, ist dies Rache, und sie ist sehr verwerflich. Er muß vielmehr Böses mit Gutem vergelten und nicht nur verzeihen, sondern sogar, wenn es möglich ist, dem Beleidiger Hilfe gewähren. Diese Verhaltensweise ist des Menschen würdig. *[165]*

Die Rache nun ist, der Vernunft entsprechend, auch zu tadeln, weil durch Rache nichts Gutes für den Rächer gewonnen wird. Wenn etwa jemand einen anderen schlägt und der Geschlagene sich rächt, indem er die Schläge zurückgibt, welchen Nutzen hat er davon? Ist dies Balsam für seine Wunde oder ein Heilmittel für seinen Schmerz? Nein, Gott behüte! In Wahrheit sind beide Handlungen dieselben, beide sind unrecht; der einzige Unterschied ist der, daß die eine früher und die andere später erfolgte. Wenn darum der Geschlagene verzeiht, vielmehr wenn er in einer Weise, die der gegen ihn gehandhabten entgegengesetzt ist, handelt, so ist dies des Lobes wert. *[166]*

3.3. Ein neuer Weg zu Entscheidungen

In dieser Sache Gottes ist Beratung von grundlegender Bedeutung; aber damit ist ein geistiger Austausch, nicht bloße Äußerung persönlicher Ansichten gemeint. In Frankreich wohnte ich einer Sitzung des Senats bei, aber diese Erfahrung war nicht beeindruckend. Das parlamentarische Verfahren sollte zum Ziel haben, daß das Licht der Wahrheit über den eingebrachten Fragen erstrahle; es sollte nicht als Schlachtfeld für Widerstreit und Eigensinn dienen. Widerstreit und Widerspruch sind etwas Unglückseliges und immer der Wahrheit abträglich. In der erwähnten Parlamentssitzung herrschten Wortwechsel und nutzlose Haarspaltereien vor. Das Ergebnis war meistens Verwirrung und Tumult; einmal griffen sich zwei Mitglieder sogar tätlich an. Es war keine Beratung, sondern eine Komödie. Was ich an diesem Beispiel zeigen will, ist, daß Beratung das Erforschen der Wahrheit zum Ziel haben muß. Wer eine Ansicht äußert, sollte sie nicht als wahr und richtig hinstellen, sondern sie als Beitrag zu einem Konsens verstehen; denn das Licht der Wirklichkeit tritt in Erscheinung, wenn zwei Meinungen übereinstimmen. Ein Funke entsteht, wenn Feuerstein und Stahl zusammentreffen. Jeder sollte seine Meinungen in aller Gelassenheit und Ruhe und mit Bedacht abwägen. Bevor er seine eigene Ansicht äußert, sollte er die bereits von anderen dargelegten Meinungen sorgfältig in Betracht ziehen. Findet er, daß eine der zuvor geäußerten Ansichten wertvoller und der Wahrheit näher ist, sollte er sie sofort annehmen und nicht halsstarrig bei seiner eigenen Ansicht bleiben. *[167]*

Wenn sie in einer Sache einig sind, so ist dies, seien sie auch im Irrtum, besser als uneinig zu sein und recht zu haben. Wenn auch eine der Parteien recht haben mag, und sie sind uneinig, so wird dies die Ursache für tausendfaches Irren sein; wenn sie aber übereinstimmen und beide Parteien im Irrtum sind, so wird, wenn es in Einigkeit geschieht, die Wahrheit offenbar, und das Falsche richtig werden. *[168]*

Wenn die Menschen Zusammengehörigkeitsgefühl erlangt haben, werden sie zur Wahrheit gefunden haben. *[169]*

Der Weltfriede kann nur durch ein internationales
Übereinkommen erreicht werden, dem alle Natio-
nen beitreten. [170]

4. Die Politik des Friedens

Ein Gerichtshof für den Frieden

Wahre Kultur wird ihr Banner mitten im Herzen der Welt
entfalten, sobald eine gewisse Zahl ihrer vorzüglichen,
hochgesinnten Herrscher — leuchtende Vorbilder der Erge-
benheit und Entschiedenheit — mit festem Entschluß und
klarem Blick daran geht, den Weltfrieden zu stiften. Sie
müssen die Friedensfrage zum Gegenstand allgemeiner Beratung machen und mit allen ihnen zu Gebote stehenden
Mitteln versuchen, einen Weltvölkerbund zu schaffen. Sie
müssen einen verbindlichen Vertrag und einen Bund
schließen, dessen Verfügungen vernünftig, unverletzlich
und bestimmt sind. Diesen Vertrag müssen sie der ganzen
Welt bekanntgeben und die Bestätigung des gesamten
Menschengeschlechts für ihn erlangen.

Ein derart erhabenes und edles Unternehmen — der wahre
Quell des Friedens und Wohlergehens für die ganze Welt
— sollte allen, die auf Erden wohnen, heilig sein. Alle
Kräfte der Menschheit müssen frei gemacht werden, um die
Dauer und Beständigkeit dieses größten aller Bündnisse zu
sichern. In diesem allumfassenden Vertrag sollten die
Grenzen jedes einzelnen Landes deutlich festgelegt, die
Grundsätze, die den Beziehungen der Regierungen unter-
einander zugrunde liegen, klar verzeichnet und alle inter-

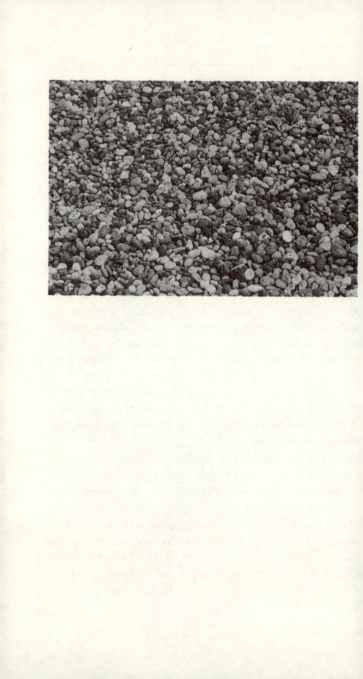

nationalen Vereinbarungen und Verpflichtungen bekräftigt werden. In gleicher Weise sollte der Umfang der Rüstungen für jede Regierung genauestens umgrenzt werden, denn wenn die Zunahme der Kriegsvorbereitungen und Truppenstärken in irgendeinem Land gestattet wäre, so würde dadurch das Mißtrauen anderer geweckt. Die Hauptgrundlage dieses feierlichen Vertrages sollte so verankert werden, daß bei einer späteren Verletzung irgendeiner Bestimmung durch irgendeine Regierung sich alle Regierungen der Erde erheben, um jene wieder zu voller Unterwerfung unter den Vertrag zu bringen, nein, die Menschheit als Ganzes sollte sich entschließen, mit allen ihr zu Gebote stehenden Mitteln jene Regierung zu vernichten.*) Wird dieses größte aller Heilmittel auf den kranken Körper der Welt angewandt, so wird er sich gewiß wieder von seinen Leiden erholen und dauernd bewahrt und heil bleiben.

Wenn solche erfreulichen Zustände einträten, müßte keine Regierung mehr ständig Waffen speichern oder sich gezwungen sehen, immer neues Kriegsgerät herzustellen, um damit die Menschheit zu unterwerfen … Auf diese Weise wäre die ganze Weltbevölkerung von der drückenden Last der Rüstungsausgaben befreit; außerdem bräuchten zahllose Leute nicht länger ihre Zeit darauf zu verschwenden,

---

*) Der Fächer der »zu Gebote stehenden Mittel« soll dabei jedoch von dem Grundsatz geleitet sein: »Kampf und Gewalt werden zu keinem guten Ergebnis führen, selbst dann nicht, wenn sie für die richtige Sache eingesetzt werden.« *[171]* Das kollektive Sicherungssystem soll bei Drohung der totalen Vernichtung zum Zuge kommen: »Es mag vorkommen, daß zu gegebener Zeit kriegerische und wilde Horden den politischen Körper eines Volkes wütend angreifen, in der Absicht, seine Glieder gänzlich niederzumachen. Unter solchen Umständen ist Verteidigung notwendig.« *[172]*

ständig neue Vernichtungswaffen zu ersinnen, neue Beweise der Habsucht und Blutgier zu liefern, die in unvereinbarem Widerspruch zu den Gnadengaben des Lebens stehen. Stattdessen könnten sie ihren Eifer darauf richten, solche Geräte herzustellen, die das Leben erleichtern, Frieden und Wohlstand fördern, und könnten so dem Fortschritt und der Wohlfahrt der ganzen Welt dienen. Jede Nation auf Erden würde dann in Ehren regiert, und jedes Volk fühlte sich geborgen in Ruhe und Zufriedenheit.

Einzelne, welche die im menschlichen Streben ruhende Kraft nicht kennen, halten diesen Gedanken für völlig undurchführbar, ja für jenseits dessen, was selbst die äußersten Anstrengungen des Menschen je erreichen können; doch ist dies nicht der Fall. Im Gegenteil kann dank der unerschöpflichen Gnade Gottes, der Herzensgüte Seiner Begünstigten, den beispiellosen Bemühungen weiser und fähiger Seelen und den Gedanken der unvergleichlichen Führer dieses Zeitalters nichts, was es auch sei, als unerreichbar angesehen werden. Eifer, unermüdlicher Eifer ist nötig. Nur unbezähmbare Entschlußkraft kann das Werk vollbringen. Manches hat man in vergangenen Zeiten als reines Hirngespinst betrachtet; heute ist es leicht durchführbar geworden. Warum sollte diese wichtigste und erhabenste Sache — das Tagesgestirn am Himmelszelt wahrer Kultur und die Ursache des Ruhmes, des Fortschritts, des Wohlergehens und Erfolges der ganzen Menschheit — unmöglich sein? Der Tag wird sicher kommen, an dem ihr klares Licht Erleuchtung über die gesamte Menschheit gießen wird. *[173]*
(geschrieben im Juli 1875)

Zusammenarbeit und Verbundenheit werden sich festigen, und schließlich wird der Krieg ganz unmöglich sein. Wenn die Gebote des Heiligsten Buches in Kraft getreten sind, werden Interessenkämpfe und Streitigkeiten durch einen allgemeinen Gerichtshof aller Staaten und Nationen in größter Gerechtigkeit geschlichtet und entschieden und alle auftretenden Schwierigkeiten gelöst werden. Die fünf Erdteile der Welt werden wie *ein* Land sein, die vielen Völker werden wie *ein* Volk, die Erdoberfläche wird wie *ein* Vaterland und das Menschengeschlecht wie *eine* Gemeinde sein. Die Verbindung der Länder untereinander, der Verkehr, die Eintracht und Freundschaft unter den Völkern und Gemeinden werden so groß sein, daß die ganze Menschheit wie *eine* Familie und *ein* Geschlecht wird. Das Licht himmlischer Liebe wird leuchten, und die Dunkelheit des Hasses und der Feindschaft wird vergehen. Ein universaler Friede wird inmitten dieser Welt errichtet, und der gesegnete Baum des Lebens wird so hoch wachsen und gedeihen, daß sein Schatten über den Osten und den Westen fällt. Die Starken und die Schwachen, die Reichen und die Armen, die streitenden Sekten und die gegnerischen Nationen, die dem Wolf und dem Lamm, dem Leoparden und dem Zicklein, dem Löwen und dem Kalb gleichen, werden in größter Liebe, Freundschaft, Gerechtigkeit und Unparteilichkeit zusammenwirken. Die Welt wird von Wissenschaft, vom Wissen um die Geheimnisse des Seins und der Erkenntnis des Herrn erfüllt sein. *[174]*

Vor mehr als fünfzig Jahren ... rief Bahá'u'lláh alle Nationen zum göttlichen Fest eines internationalen Schiedsspruchs, damit die Fragen der Grenzen, nationaler Ehre, nationalen Eigentums und zwischenstaatlicher Lebensinter-

essen durch einen Schiedsgerichtshof geregelt werden können, und daß keine Nation es wagen würde, sich zu weigern, die auf diese Weise erlangte Entscheidung anzuneh-
men. Wenn sich ein Streit zwischen zwei Nationen erhebt,
so muß dieser vor den internationalen Gerichtshof gebracht
und von diesem geschlichtet und entschieden werden,
gleichwie zwischen zwei Personen vom Richter das Urteil
gefällt wird. *[175]*
(aus einem Brief an den Sekretär der Mohonk-Konferenz
für internationale Schlichtung im August 1911)

Ein höchster Gerichtshof muß durch die Völker und Regie-
rungen aller Staaten errichtet werden und aus gewählten
Mitgliedern aller Länder und Regierungen bestehen. Die
Mitglieder dieses großen Rates müssen in Einigkeit tagen.
Alle Streitigkeiten internationalen Charakters sind diesem
Gerichtshof zu unterbreiten, dessen Sache es ist, durch
Schiedsspruch alles zu schlichten, was sonst zur Ursache des
Krieges würde. Die Aufgabe dieses Gerichtshofes wäre, den
Krieg zu verhindern. *[176]*
(aus einer Ansprache in Paris im November 1911)

Obgleich der Völkerbund geschaffen worden ist, so ist er
doch nicht fähig, den Weltfrieden zu verwirklichen. [*)] Der
... Höchste Gerichtshof aber wird diese heilige Aufgabe mit
größter Macht und Kraft erfüllen. Sein Plan geht dahin,

[*)] Dasselbe gilt auch heute noch für die Vereinten Nationen. An anderer Stelle nennt 'Abdu'l-Bahá als die Hauptgründe für das Scheitern
der bisherigen Formen der internationalen Friedenssicherung: das Ve-
torecht der Großmächte, die fehlende Autorität zur Durchsetzung der
Schiedssprüche und das fortgesetzte Denken nationalen Interessen.

daß die Nationalversammlungen jedes Landes und jeder Nation — d.h. die Parlamente — zwei oder drei Personen, die bedeutendsten Männer ihres Volkes, auswählen, die mit den internationalen Gesetzen und den Beziehungen zwischen den Regierungen wohl vertraut sind und die wesentlichen Bedürfnisse der heutigen Menschheit erkannt haben. Die Anzahl dieser Ländervertreter sollte im Verhältnis zu der Bevölkerungszahl des Landes stehen. Die Wahl dieser Männer, die von der Nationalversammlung, dem Parlament, gewählt werden, muß vom Oberhause, dem Kongreß, dem Kabinett und dem Präsidenten oder Monarchen bestätigt werden, damit diese Persönlichkeiten die vom Volk und der Regierung gewählten sind. Aus diesem Kreis werden die Mitglieder des Höchsten Gerichtshofes gewählt. Die ganze Menschheit wird dadurch Anteil daran haben, denn ein jeder dieser Abgeordneten vertritt sein Volk voll und ganz. Wenn der Höchste Gerichtshof ein Gesetz erläßt, sei es einstimmig oder mit Mehrheitsbeschluß, so wird keinerlei Vorwand für eine Revision durch die Kläger oder Grund zu einem Einspruch durch den Verteidiger möglich sein. Im Falle, daß sich eine der Regierungen oder Nationen in der Vollstreckung der unwiderleglichen Entscheidung des Höchsten Gerichtshofes nachlässig oder hinhaltend verhielte, würden die übrigen Nationen dagegen auftreten, denn alle Regierungen und Nationen der Welt sind die Stützen des Höchsten Gerichtshofes. Überlegt, was für eine feste Grundlage dies darstellt! Durch einen beschränkten und eingeengten Völkerbund wird der Zweck nicht so erreicht, wie es sein sollte und müßte. Dies ist die Wahrheit über die zuvor geschilderte Lage. *[177]*
(aus einem Brief vom 17. Dezember 1919 an die Zentralorganisation für einen dauerhaften Frieden in Den Haag)

Überdies ist jede gesellschaftliche Struktur, und wäre sie auch das Werkzeug für der Menschheit höchstes Wohl, des Mißbrauchs fähig. Ihr richtiger oder falscher Gebrauch hängt von den wechselnden Graden der Aufklärung, Fähigkeit, Treue, Redlichkeit, Hingabe und Vorstellungskraft bei den Führern der öffentlichen Meinung ab. *[178]*

Der Abrüstungsvertrag

Alle Regierungen der Welt müssen durch ein allgemeines Übereinkommen gleichzeitig abrüsten. Es würde nichts helfen, wenn die eine ihre Waffen niederlegte und die anderen sich weigern würden, dasselbe zu tun. Die Nationen der Welt müssen hinsichtlich dieser höchst wichtigen Angelegenheit übereinstimmen, auf daß sie zusammen die tödlichen Waffen der Menschenschlächterei endgültig niederlegen. Solange ein Volk seinen Rüstungsetat zu Wasser und zu Lande vergrößert, werden andere Nationen gezwungen sein, diesen zermalmenden Wettbewerb infolge ihrer natürlichen und eingebildeten Interessen mitzumachen. *[179]*

Es führt zu gar nichts und wird auch nicht vorgeschlagen, daß einige Nationen die Waffen niederlegen, während andere, ihre Nachbarn, bewaffnet bleiben. Der Weltfriede muß durch internationale Übereinkunft herbeigeführt werden. Alle Nationen müssen übereinkommen, gleichzeitig abzurüsten ... In der Zwischenzeit müssen sich alle Menschen guten Willens immer darum bemühen, den Weltfrieden zum größten Anliegen zu machen. Sie müssen unaufhörlich daran arbeiten, die öffentliche Meinung auf diese Handlungsmaxime einzustimmen. *[180]*

Alle Erscheinungen des Daseins erreichen nach ei-
nem ihnen innewohnenden Gesetz einen Gipfel-
punkt und einen Grad der Vollendung. Danach ent-
steht eine neue Ordnung, eine neuer Zustand. Da
Rüstungstechnologie und Kriegswissenschaft einen
so hohen Entwicklungsgrad erreicht haben, steht zu
hoffen, daß jetzt eine Umwandlung der menschli-
chen Welt eintritt und daß in den kommenden Jahr-
hunderten alle Energien und Erfindungen des Men-
schen dazu genutzt werden, die Interessen des Frie-
dens und der Brüderlichkeit zu fördern. [181]

5. »Denn darin liegt die Freiheit der Völker beschlossen«

Ein Brief zur Ermutigung

O Wegbereiter unter den Förderern der Menschheit![*] Die Briefe, die Sie während des Krieges gesandt haben, sind nicht eingetroffen, aber ein Brief vom 11. Februar 1916 hat mich soeben erreicht, und er wird umgehend beantwortet.[**] Ihre Absicht verdient tausendfältiges Lob, denn Sie dienen der Menschheit, und dies führt zum Glück und Wohlergehen aller. Dieser letzte Krieg[***] hat der Welt und den Völkern bewiesen, daß Krieg Vernichtung, Weltfriede dagegen Aufbau bedeutet. Krieg ist Tod, Friede hingegen

[*] Aus einem Brief 'Abdu'l-Bahás vom 17. Dezember 1919 an die Zentralorganisation für einen dauerhaften Frieden in Den Haag

[***] Der Brief vom 11. Februar 1916 erreichte 'Abdu'l-Bahá erst im Dezember 1919.

[***] Der Erste Weltkrieg 1914—1918

Leben. Krieg ist Raubsucht und Blutgier, Friede indessen Wohltätigkeit und Menschlichkeit. Krieg gehört zur Welt der Natur, Friede aber bildet die Grundlage der Religion Gottes. Krieg ist schwärzeste Finsternis, während Friede ein himmlisches Licht ist. Krieg zerstört das Gebäude der Menschheit. Krieg ist wie ein reißender Wolf, Friede aber gleicht den Engeln des Himmels. Krieg ist Kampf ums Dasein, während Friede gegenseitige Hilfe und Zusammenarbeit unter den Völkern der Welt und die Ursache des Wohlgefallens des Einen Wahren im himmlischen Reiche ist. Jeder klar Denkende bezeugt, daß es heute nichts Wichtigeres auf der Welt gibt als den Weltfrieden. Jeder rechtlich denkende Mensch bestätigt dies und schätzt diese geehrte Organisation[*] sehr, denn sie verfolgt das Ziel, diese Finsternis in Licht, diesen Blutdurst in Güte, diese Qual in Seligkeit, dieses Elend in Wohlfahrt und diese Feindschaft und diesen Haß in Freundschaft und Liebe zu verwandeln. Daher sind die Bemühungen dieser geachteten Seelen des Preises und Lobes wert. Weise Seelen jedoch, welche der wesentlichen Beziehungen, die von der Wirklichkeit der Dinge ausgehen, gewahr sind, beachten wohl, daß eine einzelne Sache an sich die menschliche Wirklichkeit nicht so beeinflussen kann, wie es sein müßte und sollte. Denn ehe die Gesinnung der Menschen nicht geeinigt wird, kann keine wichtige Angelegenheit durchgeführt werden. Heute ist der Weltfriede wichtig, aber die Einheit des Bewußtseins ist wesentlich, damit so die Grundlage dieser Angelegenheit fest, ihre Errichtung gesichert und ihr Gebäude stark sein möge. *[182]*

Vom politischen Frieden
zur Kultur des Friedens

Diese mannigfaltigen Prinzipien, welche die breiteste Grundlage für das Glück der Menschheit bilden und Gnadenbeweise des Barmherzigen sind, müssen der Sache des Weltfriedens hinzugefügt und mit ihr verbunden werden, damit ihr Erfolg beschieden sein möge. Sonst ist die Verwirklichung des Weltfriedens in der Menschenwelt schwierig. *[183]*

Der erste Lichtstrahl ist die Einheit im politischen Bereich; der allererste Schimmer davon läßt sich nunmehr erkennen. Der zweite Lichtstrahl ist die Einheit des Denkens in weltweiten Unternehmungen, die bald vollzogen werden wird. Der dritte Lichtstrahl ist die Einheit in der Freiheit, die sicherlich eintreten wird. Der vierte Lichtstrahl ist die Einheit in der Religion, der Eckstein, auf dem die Grundlage ruht; auch sie wird durch die Macht Gottes in ihrer ganzen Strahlenfülle offenbar werden. Der fünfte Lichtstrahl ist die Einheit der Nationen — eine Einheit, die in diesem Jahrhundert sicher begründet werden wird, so daß sich alle Völker der Welt als Bürger eines gemeinsamen Vaterlandes betrachten. Der sechste Lichtstrahl ist die Einheit der Rassen, die alle, die auf Erden wohnen, zu Völkern und Geschlechtern einer Rasse macht. Der siebte Lichtstrahl ist die Einheit der Sprache, d. h. die Wahl einer universalen Sprache, in der alle Menschen unterrichtet werden und miteinander verkehren. *[184]*

Betrachtet man die wirtschaftlichen Vorurteile, so tritt klar zu Tage, daß, wenn die Verbindungen unter den Völkern

gefestigt und der Warenaustausch gefördert werden, ... dies schließlich auch die anderen Länder beeinflussen muß und allgemeine Wohlfahrt die Folge sein wird. *[185]*

Einer der großen Schritte zum Universalen Frieden wäre auch die Einführung einer universalen Sprache ... Die Verschiedenheit der Sprache ist eine der stärksten Ursachen der Abneigung und des Mißtrauens unter den Völkern, die weit mehr als durch alle anderen Gründe durch die Unfähigkeit zur sprachlichen Verständigung getrennt sind. *[186]*

In der Vergangenheit wurde die Welt durch Gewalt regiert, und der Mann herrschte aufgrund seiner stärkeren und mehr zum Angriff neigenden körperlichen und verstandesmäßigen Eigenschaften über die Frau. Aber schon neigt sich die Waage, Gewalt verliert ihr Gewicht, und geistige Regsamkeit, Intuition und die geistigen Eigenschaften der Liebe und des Dienens, in welchen die Frau stark ist, gewinnen an Einfluß. Folglich wird das neue Zeitalter weniger männlich und mehr von den weiblichen Leitbildern durchdrungen sein, oder genauer gesagt, es wird ein Zeitalter sein, in dem die männlichen und weiblichen Elemente der Kultur besser ausgeglichen sein werden. *[187]*

Sobald die Frauen umfassend und gleichberechtigt die Verhältnisse der Welt mitgestalten, sobald sie zuversichtlich und fähig die Arena des Rechts und der Politik betreten, wird der Krieg aufhören. *[188]*

Die Frauen müssen fortschrittlich gesinnt sein und zur Vervollkommnung der Menschheit ihre Kenntnisse über Wissenschaft, Literatur und Geschichte erweitern. Binnen kurzem werden sie zu ihrem Rechte kommen. Die Männer werden sehen, wie die Frauen ernsthaft und würdig an der Besserung des bürgerlichen und politischen Lebens arbeiten, wie sie sich dem Krieg widersetzen und Stimmrecht und gleiche Möglichkeiten fordern. Ich hoffe, daß ihr Frauen in allen Phasen des Lebens Fortschritte macht; dann werden eure Stirnen mit dem Diadem unvergänglichen Ruhmes gekrönt sein. *[189]*

Wenn die Religion, befreit von Aberglauben, Überlieferungen und unverständlichen Dogmen, ihre Übereinstimmung mit der Wissenschaft dartut, so wird eine große einigende, reinigende Kraft in der Welt sein, die alle Kriege, Uneinigkeiten, Mißklänge und Streitigkeiten vor sich herkehrt, und dann wird die Menschheit in der Macht der Gottesliebe vereinigt werden. *[190]*

Die wirkliche und endgültige Einheit der Menschheit ... wird alle Religionen versöhnen, bekämpfende Nationen in liebende verwandeln, feindliche Herrscher sich befreunden lassen und der Menschenwelt Friede und Glück bringen. Sie wird den Orient und den Okzident verschmelzen, für immer die Grundlagen des Krieges beseitigen und das Banner des Größten Friedens aufrichten. Jene begrenzten Einheiten sind darum die Vorzeichen dieser großen Einheit, welche die ganze menschliche Familie zu einer einzigen machen wird, weil sie das Gewissen der Menschheit erweckt. *[191]*

6. Gebete für den Frieden

O Gott, o Gott! Du siehst, wie schwarze Finsternis alle Lande umfängt, wie alle Lande brennen in der Zwietracht Flamme, wie mörderisch in Ost und West des Krieges Feuer lodert. Blut wird vergossen, Leichen bedecken ringsum die Erde, und abgeschlagen liegen Häupter im Staub des Schlachtfelds.

O Herr! Erbarme Dich dieser Unwissenden, schaue auf sie mit dem Auge des Vergebens und Verzeihens. Lösche dieses Feuer, so daß die dichten Wolken sich verziehen, die den Himmel verdunkeln, daß die Sonne der Wirklichkeit leuchte mit den Strahlen der Versöhnung, das tiefe Dunkel sich teile und alle Lande vom strahlenden Lichte des Friedens erleuchtet werden.

O Herr! Zieh Du das Volk aus dem abgründigen Meer des Hasses und der Feindseligkeit, befreie es aus dieser undurchdringlichen Finsternis. Vereinige die Herzen, erleuchte die Augen mit dem Lichte des Friedens und der Versöhnung.

Errette sie aus den Tiefen des Krieges und des Blutvergießens, befreie sie aus des Irrtums Finternis. Reiße den Schleier von ihren Augen und erleuchte ihre Herzen mit dem Lichte der Führung. Verfahre mit ihnen nach Deinem zarten Erbarmen und Mitleid, nicht nach Deinem gerechten Zorn, der den Mächtigen die Glieder zittern läßt.

O Herr! Krieg folgt auf Krieg. Not und Angst nehmen überhand, einst blühende Länder sind alle verheert.

O Herr! Die Herzen sind schwer, die Seelen voll Qual. Erbarme Dich dieser Armen, überlaß sie nicht ihrer maßlosen Gier.

O Herr! Sende durch Deine Lande demütige, ergebene Seelen, das Antlitz erleuchtet von den Strahlen der Führung, gelöst von der Welt, Deinen Namen preisend, Dein Lob kündend. Laß sie Deiner Heiligkeit Düfte unter den Menschen verbreiten.

O Herr! Stärke ihnen den Rücken, gürte ihre Lenden und entzücke ihre Herzen mit den mächtigsten Zeichen Deiner Liebe.

O Herr! Wahrlich, sie sind schwach, und Du bist der Gewaltige, der Mächtige. Ohnmächtig sind sie, Du aber bist der Helfer, der Gnadenvolle.

O Herr! Das Meer des Aufruhrs wogt, und diesen Sturm stillt allein Deine grenzenlose Gnade, die alle Lande umfängt.

O Herr! Wahrlich, die Menschen schmachten im Abgrund der Leidenschaft; nur Deine unendlichen Gnadengaben können sie daraus erretten.

O Herr! Vertreibe die Finsternis dieser verderbten Begierden, erhelle die Herzen mit der Lampe Deiner Liebe, die bald alle Lande erleuchten wird. Stärke Deine Geliebten, die aus Liebe zu Deiner Schönheit Heim und Herd, Mann, Weib und Kind verlassen und in fremde Lande reisen, Deine Düfte zu verbreiten und Deine Lehren zu künden. Sei Du ihr Gefährte in der Einsamkeit, ihrer Sorgen Tilger und ihr Trost im Unglück. Sei Du ihrem Durst ein frischer Trunk, ihren Gebrechen eine Arznei, ein Balsam der verzehrenden Glut ihrer Herzen.

Wahrlich, Du bist der Freigebigste, der Herr überfließender Gnade, und wahrlich, Du bist der Mitleidvolle, der Gnadenreiche. *[192]*

O Du gütiger Herr! Du hast die ganze Menschheit aus dem gleichen Stamm erschaffen. Du hast bestimmt, daß alle der gleichen Familie angehören. In Deiner heiligen Gegenwart sind sie alle Deine Diener, und die ganze Menschheit findet Schutz in Deinem Heiligtum. Alle sind um Deinen Gabentisch versammelt. Alle sind erleuchtet vom Lichte Deiner Vorsehung.

O Gott! Du bist gütig zu allen, du sorgst für alle, Du beschützest alle, du verleihst allen Leben, Du hast einen jeden mit Gaben und Fähigkeiten ausgestattet, und alle sind in das Meer Deines Erbarmens untergetaucht.

O Du gütiger Herr! Vereinige alle. Gib, daß die Religionen in Einklang kommen, und vereinige die Völker, auf daß sie einander ansehen wie *eine* Familie und die ganze Erde wie *eine* Heimat.O daß sie doch in vollkommener Harmonie zusammenlebten!

O Gott! Erhebe das Banner der Einheit der Menschheit.

O Gott! Errichte den Größten Frieden.

Schmiede Du, o Gott, die Herzen zusammen.

O Du gütiger Vater, Gott! Erfreue unsere Herzen durch den Duft Deiner Liebe. Erhelle unsere Augen durch das Licht Deiner Führung. Erquicke unsere Ohren mit dem Wohlklang Deines Wortes und beschütze uns alle in der Feste Deiner Vorsehung.

Du bist der Mächtige und der Kraftvolle, Du bist der Vergebende und Du bist der, welcher die Mängel der ganzen Menschheit übersieht. *[193]*

Quellenverzeichnis
der Textstellen aus den Reden und Schriften 'Abdu'l-Bahás

[1] Foundations of World Unity, S. 20
[2] The Promulgation of Universal Peace, S. 373
[3] Ansprachen in Paris, S. 103
[4] An die Zentralorganisation für einen dauerhaften Frieden in Den Haag, S. 4
[5] Bahá'í-Briefe, Heft 29, S. 722
[6] Das Geheimnis göttlicher Kultur, S. 70
[7] An die Zentralorg., S. 11
[8] Zit. in Allan L. Ward, 239 Days, 'Abdu'l-Bahás Journey in America, S. 69
[9] An die Zentralorg., S. 13
[10] Geheimnis göttl. Kultur, S. 63
[11] Ebeneda, S. 25
[12] Foundations of World Unity, S. 19
[13] Kleine Auswahl aus Seinen Schriften, S. 10
[14] Zit. in Weltordnung Bahá'u'lláhs, S. 235
[15] An die Zentralorg., S. 12
[16] Balyuzi, 'Abdu'l-Bahá, S. 271
[17] Geheimnis göttl. Kultur, S. 64
[18] Bahá'í-Briefe, Heft 46, S. 1376
[19] Kleine Auswahl, S. 6
[20] Ansprachen in Paris, S. 78
[21] Ebenda, S. 90
[22] Ebenda, S. 18
[23] Geheimnis göttl. Kultur, S. 65f
[24] Ebenda, S. 62
[25] Ansprachen in Paris, S. 29
[26] Zit. bei J.E. Esslemont, Bahá'u'lláh und das neue Zeitalter. S. 276
[27] Geheimnis göttl. Kultur, S. 56
[28] Ebenda, S. 60f
[29] Ebenda, S. 65
[30] Ansprachen in Paris, S. 82f
[31] Balyuzi, 'Abdu'l-Bahá, S. 357f
[32] Ebenda, S. 421
[33] Esslemont, S. 274
[34] Ebenda, S. 274
[35] Ebenda, S. 275
[36] Ebenda, S. 278
[37] Balyuzi, S. 609f
[38] Weltordnung Bahá'u'lláh, S. 51
[39] Ebenda, S. 75
[40] Esslemont, S. 181f
[41] Balyuzi, S. 207
[42] An die Zentralorg., S. 6f
[43] Esslemont, S. 275
[44] Ansprachen in Paris, S. 117
[45] Ebenda, S. 32
[46] Bahá'í-Briefe, Heft 29, S. 723
[47] Balyuzi, S. 288
[48] Ansprachen in Paris, S. 114
[49] An die Zentralorg., S. 7f
[50] Balyuzi, S. 400f
[51] Ansprachen in Paris, S. 89f
[52] An die Zentralorg., S. 7
[53] Ansprachen in Paris, S. 119
[54] Geheimnis göttl. Kultur, S. 103
[55] Abrüstung und Weltfrieden, S. 17
[56] Ansprachen in Paris, S. 108
[57] Beantwortete Fragen, S. 288
[58] Göttliche Lebenskunst, S. 118
[59] An die Zentralorg., S. 20f
[60] Ansprachen in Paris, S. 110
[61] Balyuzi, S. 255f
[62] Ebenda, S. 395ff
[63] Bahá'í-Briefe, Heft 43, S. 1224
[64] Balyuzi, S. 385f
[65] Bahá'í-Versammlungen, S. 29
[66] Balyuzi, S. 291
[67] Liebe und Ehe, S. 6ff
[68] Ebenda, S. 5f
[69] Bahá'í-Briefe, Heft 29, S. 725f
[70] Ansprachen in Paris, S. 82
[71] Balyuzi, S. 320
[72] Balyuzi, S. 413f
[73] Ansprachen in Paris, S. 94
[74] Ebenda, S. 107
[75] Balyuzi, S. 511
[76] Bahá'í-Briefe, Heft 20, S. 486
[77] Balyuzi, S. 386

[78] Ebenda, S. 361f
[79] Bahá'í-Briefe, Heft 15, S. 357f
[80] Balyuzi, S. 304ff
[81] Ebenda, S. 414
[82] Esslemont, S. 142
[83] Ansprachen in Paris, S. 101
[84] Ebenda, S. 21
[85] Bahá'í-Briefe, Heft 16, S. 382
[86] Ansprachen in Paris, S. 100
[87] Esslemont, S. 95f
[88] Balyuzi, S. 283
[89] Bahá'í-Briefe, Heft 20, S. 488f
[90] Geheimnis göttl. Kultur, S. 74f
[91] Ansprachen in Paris, S. 102
[92] Ebenda, S. 95
[93] Ebenda, S. 34
[94] Geheimnis göttl. Kultur, S. 68f
[95] Bahá'í-Briefe, Heft 16, S. 383
[96] Balyuzi, S. 207
[97] Ansprachen in Paris, S. 84
[98] Esslemont, S. 280
[99] Balyuzi, S. 301
[100] Ansprachen in Paris, S. 24f
[101] Balyuzi, S. 369f
[102] Ebenda, S. 301
[103] Ansprachen in Paris, S. 37f
[104] Balyuzi, S. 238
[105] An die Zentralorg., S. 22f
[106] Ansprachen in Paris, S. 103
[107] Geheimnis göttl. Kultur, S. 69f
[108] Göttliche Lebenskunst, S. 124
[109] Bahá'í-Briefe, Heft 29, S. 726
[110] Balyuzi, S. 256
[111] Ebenda, S. 253
[112] Ansprachen in Paris, S. 26
[113] Ebenda, S. 7
[114] Bahá'í-Versammlungen, S. 8
[115] Balyuzi, S. 208
[116] Bahá'í-Briefe, Heft 29, S. 722
[117] Ansprachen in Paris, S. 19
[118] Beantwortete Fragen, S. 255f
[119] Bahá'í-Briefe, Heft 29, S. 723f
[120] Kleine Auswahl, S. 28
[121] Balyuzi, S. 266
[122] Ebenda, S. 433
[123] Ebenda, S. 289
[124] Ebenda, S. 321f
[125] Ansprachen in Paris, S. 95
[126] Bahá'í-Briefe, Heft 29, S. 727
[127] Balyuzi, S. 253
[128] Kleine Auswahl, S. 22
[129] Bahá'í-Briefe, Heft 41, S. 1135f

[130] Balyuzi, S. 277
[131] Ansprachen in Paris, S. 51
[132] Geheimnis göttl. Kultur, S. 15
[133] Ebenda, S. 14
[134] Ansprachen in Paris, S. 19
[135] Ebenda, S. 18
[136] Kleine Auswahl, S. 10
[137] Ebenda, S. 7
[138] Über das Lehren, S. 9f
[139] Ansprachen in Paris, S. 92
[140] Leben als Bahá'í, S. 63
[141] Balyuzi, S. 392
[142] Liebe und Ehe, S. 29ff
[143] Bahá'í-Briefe, Heft 46, S. 1326
[144] Über das Lehren, S. 11
[145] Geheimnis göttl. Kultur, S. 44
[146] Ebenda, S. 58f
[147] Beantwortete Fragen, S. 85
[148] Geheimnis göttl. Kultur, S. 65
[149] Ebenda, S. 67
[150] Ebenda, S. 43
[151] Balyuzi, S. 453f
[152] Bahá'í-Briefe, Heft 29, S. 724f
[153] Kleine Auswahl, S. 5f
[154] Baháí-Briefe, Heft 29, S. 725
[155] Geistiger Adel, S. 14
[156] Ansprachen in Paris, S. 117
[157] Esslemont, S. 104
[158] Bahá'í-Briefe, Heft 46, S. 1377
[159] Leben als Bahá'í, S. 64
[160] Balyuzi, S. 432
[161] Über das Lehren, S. 23
[162] Balyuzi, S. 325
[163] Wille und Testament, S. 23
[164] Ansprachen in Paris, S. 84
[165] Beantwortete Fragen, S. 261
[166] Ebenda, S. 259
[167] Balyuzi, S. 263f
[168] Beratung, S. 11
[169] Bahá'í-Religion, S. 21
[170] Balyuzi, S. 357
[171] Leben als Bahá'í, S 47
[172] Esslemont, S. 198
[173] Ansprachen in Paris, S. 116
[174] Beantwortete Fragen, S. 71f
[175] Esslemont, S. 194
[176] Ansprachen in Paris, S. 124
[177] An die Zentralorg., S. 16f
[178] Geheimnis göttl. Kultur, S. 25
[179] Esslemont, S. 195
[180] Balyuzi, S. 357f
[181] Ebenda, S. 271

[182] An die Zentralorg., S. 3f
[183] Ebenda, S. 271
[184] Weltordnung Bahá'u'lláhs, S. 64
[185] An die Zentralorg., S. 9
[186] Ansprachen in Paris, S. 124f
[197] Esslemont, S. 173
[188] Einheit der Familie, S. 51

[189] Esslemont, S. 172
[190] Ansprachen in Paris, S. 116
[191] Göttliche Lebenskunst, S. 124
[192] Gebete, S. 281ff
[193] Ebenda, S. 250f

Alle Titel sind im Bahá'í-Verlag, Hof-
heim-Langenhain, erschienen.

AUF DEN SPUREN
EINER NEUEN KULTUR DES FRIEDENS
Bücher aus dem Horizonte Verlag

DAS MODELL DES FRIEDENS
Ausweg aus der Krise

Herausgegeben von Farzin Dustar. Mit Beiträgen von Erik Blumenthal, Hossain B. Danesh, Ingo Hofmann, Sama Maani, Ursula Namdar, Nossrat Peseschkian und Gerhard Schweter. Einleitung von Roland Philipp. 1985. 356 Seiten. Broschiert DM 18,80 ISBN 3-7049-2001-0

Das Buch wendet sich an all jene, die sich verantwortlich fühlen: für ihren Weg zur Selbstverwirklichung, für Gerechtigkeit und Frieden in der Welt, wo sich jeder einsetzen kann. Von dem gemeinsamen Ansatz der Einheit des Menschen wie der Einheit der Menschheit ausgehend, eröffnen die neun Autoren dieses Buches ein weites Feld neuer Einsichten, Ideen und Prinzipien auf dem Weg zu einer neuen Kultur des Friedens — im Menschen und zwischen den Menschen.

Farah Dustar
WELTFRIEDEN DURCH MITWIRKEN DER FRAU

1985. Ca. 130 Seiten. Broschiert ca. DM 14,80 ISBN 3-7049-2002-9

Gleichwertigkeit, Gewaltlosigkeit und Friedfertigkeit gehören zu den höchsten gesellschaftlichen Werten. Im ausgehenden zweiten Jahrtausend bedarf es eines neuen Maßstabes, neuer Wertsetzung für den Umbruch zu einer neuen Zivilisation. Aus einer seit Jahrtausenden vornehmlich männer-orientierten Welt zeigt die Autorin neue Lösungen für ein Gesellschaftssystem des ‚Miteinander im Einklang‘, wenn Mann und Frau beginnen miteinanderzudenken. Die aktive Mitwirkung der Frau wird dabei vor allem dem Friedensprozeß entscheidende Impulse verleihen.

Bahá'u'lláh / Peter A. Thomas
DIE SIEBEN TÄLER
Der Weg des Suchers —
Ein Meditationsbuch mit erlesenen Farbbildern

1985. 80 Seiten mit 36 Farbfotos. Format 21 x 24 cm. Gebunden DM 19,80 ISBN 3-7049-2004-5

Die vorliegende Ausgabe stellt neben die sorgfältig besorgte Übertragung der Texte künstlerisch interessante Farbfotos, die den meditativen Einstieg in das Gedankengut öffnen.